日本・日本語・日本人

大野晋　森本哲郎　鈴木孝夫

新潮選書

日本・日本語・日本人◆目次

日本・日本語・日本人

はじめに

森本哲郎

旧約聖書の「創世記」に記されている有名な「バベルの塔」の物語は、何を意味しているのだろう。人びとが天まで届くような塔を建て始めたのを見た神が、その思い上がりに激怒して人間をきびしく罰した、というあの話は。

いろいろな教訓をここから汲みだすことができようが、私は神が下した罰こそ、じつに示唆に富んでいると思う。その罰とは、人間の「言葉を混乱《バラル》させ、互いの言葉が聞き分けられぬようにしてしまう」ということであった。神の力をもってすれば、人間が「石のかわりにれんがを、しっくいの代わりにアスファルトを用いて築いた」塔を、一撃のもとに破壊することなど、いとも容易だったはずである。だが、崩したところで人間は性懲りもなく、おなじことを企て、塔を建て直すだろう。そこで二度とそんな作業ができぬよう神は人間集団を内部崩壊させるために言葉を混乱させたのだった。

この物語は、人間の築く文明、文化の原点が、何より言葉にある、ということを暗示していよう。人類の文明を崩壊させるには、強力な武器をもってするより、言葉を乱すほうが、はるかに効果的であることを神は見抜いていたわけである。たしかに、それは歴史が証明している。軍事的に征服されても、攻撃された民族は滅亡したわけではない。だが、それによって言葉を乱され、アイデンティティを失った民族は、例外なく征服者に呑みこまれて、植民地化の一途をたどった。

とすれば、何より恐るべきは言葉を乱されること、と言っていいだろう。ところが、それは物質的な破壊とちがって、容易に気づかれない。だから、征服された人びとは、しばしば、みずからすすんで相手に同化しようとする。そして、気がついたとき、すでに民族独自の文化は消え去り、まるで根なし草のようになったおのれを見出すのだ。それは、母国語というものが、いかに大切なものであるか、言葉がどれほど人間の精神と深く結びついているか、ということを自覚しなかった報いなのである。

さて、そう考えると、かなり前から論議されている日本語の乱れ《バラル》を、時代の流れによる社会現象、などと安易に扱うべきではあるまい。言葉をたんなるコミュニケーションの「道具」とみなし、意思が通じればそれで足りる、といった軽薄な言語観を私たち日本人は、この際、深く考え直す必要がある。

じっさい、あらためてそう強調しなければならないほど、昨今は日本語そのものが粗末に使われている。むろん、それはＩＴ革命がさかんに宣伝され、情報化がやたらに強調されている社会風潮と無縁ではあるまい。私は情報化そのものを否定するつもりはない。しかし、こうした傾向が言葉をただの記号のようにおとしめている状況は、まさしく文化の危機ではないか。

言うまでもなく、日本人にとって母国語である日本語は日本文化の根幹である。昔の日本人は「言霊《ことだま》」といい、言葉に魂が宿っていることを知っていた。もし、私たちの日本語が国際化、情報化といった掛け声のもとで奇妙に変質していったなら、日本人、日本文化の将来はどうなるのか。

それゆえ私たちは、日本とは、日本人とは、そして日本語の本質とは何かを、くり返し問わねばならないのである。本書がその一助になれば、と心から願っている。

左より、森本哲郎、鈴木孝夫、大野晋の三氏

第一部　日本について

融通無碍の国

大野　日本という国は古来軸のない国だと思うんですよ。

森本　どういうこと？

大野　神様がいない――。

鈴木　一神教ではないということかしら？

大野　それもあるけどね。昔から日本の神というものは、空中に漠としてふわふわと漂っているようなもので、その実体がわからない。ただ供物を捧げて神様の機嫌を取り結び、神からのお恵みを期待する、日本の神はそういう存在だと思う。祭りは、そのための行事ですよね。なぜ、こんな話をもちだしたかというと、ちょっと神様に感謝したいことがあったからなんです。

森本　何かいいことがあったんですか？

大野　懸案の著書がようやく上梓できたんですよ。研究成果を発表しようとして、それに向かって努力を続けながら、戦争という時代背景のために志を断念しなければならなかった人が何人もいます。恩師の橋本進吉先生もそういう人の一人です。そういう先生方のことを考えると、長年の成果をまがりなりにも本としてまとめることができたんですからね。この幸運を神に感謝したいと思ったんだけど、どこへ御参りに行ったらいいものやら、皆目わからなくてね（笑）。

鈴木　学者である先生の場合は、やはり天神様でしょう。

大野　天神様はたしかに学問の神様だけど、菅原道真公は藤原時平によって大宰府に流されて、恨みを抱いたまま亡くなったんでしょう。その辺がどうもひっかかって、結局、伊勢神宮へ行くことにしました。

鈴木　あそこならいちばん無難だ（笑）。

大野　神に対する考え方という点では、二千年前からなんら変わっていないんだな。

森本　この間、ＮＨＫの奥の細道を巡る番組のロケーションで、神社に詣で手を合わせて拝む僕の様子を見て、同行した三十代の若いディレクターが、「何を考えながら拝んでいらっしゃるのか、コメントお願いできますか」って。鋭い質問だと思うんだけど、はて、なんと答えていいのか難しい。神社や寺院で手を合わせるときに、何を考えていいのかわからない。自分勝手の願い事をするのも浅ましい気がするし、拝む対象をイメージすることもできない。同じ質問をされたら、鈴木さんでしたら、どのようにお答えになります？

鈴木　何かを求めて参拝するのではなく、拝む行為そのものから自然に敬虔な心が生まれてきて、なんとなく神の存在を感じる。そんなところじゃないですか。

森本　イメージより行動が先行しているということですね。

鈴木　形が大事なんですよ。

大野　奈良時代の文献には、「仏神」という言葉が何回も出てくる。仏教での仏様のことをね。

鈴木　なにしろ八百万《やおよろず》の神の国ですからね。キリストというバタ臭い、モダンな神もいらしたりとかね（笑）。

大野　誕生したときは鎮守様、結婚式はキリスト教、葬式は仏式。

森本　それでいっこうに構わないじゃないですか（笑）。

大野　日本には昔からそういうところがあるんだ。奈良時代にも、唐令と唐律によって日本の律（刑法）と令（行政法）を作って、組織を作ったし、明治時代にも、ボアソナードを呼んで民法はフランス、刑法はドイツに範を仰いでいる。戦後の憲法はアメリカだし……。日本国には確固とした軸がないから、自力で自国を組織立ててきちっと決めることができないのだと思う。

鈴木　そういう点が日本の弱さということになるかもしれませんが、別の見方もできる。超越的なもの、一神教的なもの、絶対的なものに固執する民族のほうがギスギスして、寛容度が足りない。個人的な意見としては、日本型の「まあ、いいじゃないか」方式を全世界にもっと広めるべきだと思うんです。

大野　そういうところはあるね。

森本　それを融通無碍というんじゃないですか。

鈴木　ひとつの主義に凝り固まると結果として沢山の人が死ぬという事実は、歴史上いくらでも例を挙げることができる。プロテスタントとカトリックが争った三十年戦争をはじめとする宗教戦争のように、自分たちの宗派を認めない者は悪魔扱いして迫害する。共産主義の名の下になされたソ連、中国での大量粛清とか——。ですから、強烈な主義があるのも善し悪しなんです。

大野　日本人は無脊椎動物のようなところがあるものね。

森本　軟体動物と言ったほうが当たってるように思う（笑）。

鈴木　要するにグニャグニャしているほうが……。キリスト教もイスラム教も現在でも戒律を守っているでしょう。日本の仏教にも、むろん獣肉を食べてはいけないとか、酒を飲んではいけないとか、それなりの戒律はあったんですが、大名が「肉は薬なんだ」と言い出せば、食べてもいいとか、兎を一羽、二羽と数えることで、兎は鳥だから食べていいとか、酒は般若湯だからいいとか、うまく脱け道を用意しておく。たとえどんな主義を選択しても、他の主義は絶対に容認しないとなったら、いつも血の粛清は避けられない。それよりも東北の芋煮会のようなごった煮状態でいいじゃないかと、日本がこの良さを世界にむかって発言しつづければ、日本も本当の意味で大国の仲間入りができるんだけどね。

森本　そう。その寛容性をくり返し発言することが必要なんだけれど、日本人にはそのしつこさがないんだな。

大野　ない、ない（笑）。淡白なのかな？　そうも思えない。やはり一貫したメッセージに欠けているわけよ。

鈴木　日本にきた多くの外国人が日本の社会を良い社会だと認めているのに、肝心の日本人にはその自覚がない。自国の良さを認めて、このような社会になるように他国を説得できないのであれば、表通りではなく横町に蟄居すべきなんだ。

森本　そのほうがいい。妙に力み返ったら、かえって失敗する。盛者必衰、栄えた文明は必ず滅びるからね。

鈴木　小国に転落してからオタオタするより、今のうちに表舞台からおさらばするほうがいい。年寄りが眠い目をこすって、若者につきあって歌詞の理解できないような今時の歌を聴く必要なんてないんだよ（笑）。

大野　そういえば、最近は英語の混じった歌詞が増えたね。
森本　みんな意味がわかってるのかな？
鈴木　そうは思えない。断っておきますけど、私は聴きませんよ（笑）。

言語と文明

大野　日本という国を考える上で大事なのは、文明と言語の問題だと、私は思います。われわれは、それを別物だと考えていますけれど、日本では、言語は文明の後についてくるものなのです。
鈴木　と、おっしゃいますと……。
大野　僕は「日本語＝タミル語起源説」を唱え続けてきましたが、タミル語という言葉だけが来たのではないんです。あれは米、金属、機織りとともに来たのです。この文明複合体は、当時としては圧倒的な力を持っていたんですね。今のインターネットなどと同じで、猛烈な文明だった。だから、日本人はそれについていって、消化したいと考えた。結果、そのモノの単語や文章をはじめ、「係り結び」も、五七五七七も覚えて、全部そこへ巻き込まれたんですね。それが弥生時代。
鈴木　なるほど。

大野　次は朝鮮、高句麗の文明でした。日本語の「郡《こおり》」は、朝鮮のコボリと同じだし、税金を取るという単語の「徴《はた》る」は朝鮮語「pat（パッ）」です。数詞でも三つ、五つ、七つ、十など高句麗から来たのが残ってる。郡とか徴税という単語が入ったということは、彼らが行政権を握ったということじゃないですか。これが古墳時代でしょう。その後に、中国文明とともに来たのが漢字です。つまり、日本では、タミル文化が来ればタミル語になり、朝鮮文明が入ると朝鮮語を取り入れ、中国文明が強くなると漢字を学ぶようになる。こんな具合に、歴史的に見ると、日本では文明のあとに言語がついてくるんですよ。江戸時代には、ヨーロッパへの窓口だったオランダ語を必死になって習った。オランダ語の字引を人から借りて徹夜して書き写したりね。

鈴木　その話は、『福翁自伝』に出ていますね。

大野　戦後は、マッカーサーの憲法を訳したじゃないですか。日本は昔から時代時代に適応しながらやってきた。

鈴木　現在の目標はアメリカというわけですね。古代においては唐であり、近代は西洋であり、今はアメリカ。

大野　そうです。アメリカ文明が強ければ、それに適応してアメリカの言葉を取り入れようとするんです。ところが、民主主義でもそうだけど、日本では根本から大変化が起こるわけじゃない。アメリカの民主主義を支える、一人一票ということの意味について、日本人は考えを深めていくようにはならないんですね。適応ですから、一見、それに似た何かになれればいいんですよ、日本では。また、そういうことには高い能力があるんだな。だから、明治以降、一所懸命に働いてヨーロッパに追いついたんです。

森本　たった百年で日本がヨーロッパに追いついたのは、一方で、漢字の力があったから、ということも充分考えられるんじゃないですか。

鈴木　現代でも力をもち繁栄している文明は、その言語が古代ギリシア語（ラテン語）、サンスクリット、アラビア語、そして漢字のどれかを基本的概念に深く取り入れたものだけです。このいずれとも無縁であった言語を使っている人々は、大きな発展をすることが難しいのです。

悪魔の文字

大野　戦後、アメリカのニューディール派で志を得ない連中が大挙してやってきて、日本の経済復興のためにいろいろなことをやったよね。

鈴木　ずいぶんやった。明治に来たスコットランド人の活躍と似ている。

森本　自国ではできなかったことをね。

鈴木　見当違いのこともやったけどね。

大野　これは実現しなかったけれど、漢字を廃止しなければならないという意見もあった。あんな難しい悪魔の文字を多くの人が読めるわけがない、もっと易しいローマ字にしなければ情報が伝わらないということを言った人たちがいた。ライシャワーみたいな日本通の心ある人たちには、バカげたことだと初めからわかっていたんだけどね。でも、アメリカが偉いと思わざるを得ないのは、日本人の識字率を調べておこうと、ちゃんと占領費から予算を計上して、問題を作成し、全国的に試験をやったんです。その結果が、平均七十六点でした。

鈴木　無学文盲と思われていたお年寄りから子供までが、その悪魔の文字の漢字が読めたわけですね。

森本　悪魔の文字か（笑）。

鈴木　アメリカより文盲率が低かった。

大野　文盲率が低いなんてものではない。平均七十六点というのは、とんでもない高い数字です。かなり難しい問題ですよ。今の学生にやらしてごらんなさい、きっとできないと思うな（笑）。

鈴木　今の人のほうが漢字が読めないんじゃない？

大野　この結果をみて、アメリカは手を引いてしまった。しかし、日本では、まだローマ字とかカタカナ文字論者が、国語審議会を占領していて、漢字は千八百から増やしちゃいけないとか、ガチャガチャやっていた。その頃、「大野のような、あんなうるさい奴はだめだ」というんで、僕はお役御免になったんですよ。

森本 それは、それは。ご同慶の至りです（笑）。

大野 中国文明を輸入してから千年間で、日本人は漢字を日本語の中に取り入れた。だから、現代語の字引に載っている単語の半分は漢語です。それなしでは日本人は暮らせないし、それを日本語だと思って使っているわけです。この漢字の力があったからこそ、ヨーロッパの新しい概念を漢字に置き換えて持ち込めたんです。

鈴木 私も同意見ですね。漢字の力があった明治は、福沢諭吉も夏目漱石も、英語公用語化を唱えた森有礼も、皆、漢詩が書けるほど漢学の素養がありました。むしろ、そこまで一つの文明にのめり込んでいたからこそ、もう一つの文明に切り換えたときに、創造力を発揮できたのだと思います。ところが、その後、特に戦後になると、漢字文明はまったくなくなる。偉大な地下源泉を失ったのですね。終戦を境に、日本語は文明の生産性を失って、干からびた言語になったと思います。

大野 漢字の造語力がなくなったんですよ。フィリピンの例があります。フィリピンには漢字がありませんから、スペイン語や英語が社会の中に生で入ってきました。最初は、英語のわかる階層とそうでない民衆とがいましたが、今やどうなっているか。

みんな日常の英語がわかるようになりつつあって、英語の映画を見ている民衆が、ちゃんと笑うべきところで笑っているというんです。そこまで行ってしまうんですね。

森本　それは、タガログ語が持っていた、かけがえのない部分を、全部捨ててしまったということじゃありませんか。

大野　そうです。捨てることになりつつあるということ。

森本　要するに、フィリピン人はどんどんアングロサクソン化しつつあるということだけれども、しかし、完全にはなりきることなどできない。

大野　そこが大事。現在、日本でも似たようなことが起きていますよ。ほら、さっきも言ったように、テレビで若者が英語の歌を歌っているじゃないですか。彼ら、英語が自由にしゃべれるんではない。そしてこの人たちは日本語もできないんだな。どっちも駄目なのがたくさん出てきているんですよ。

森本　ここで僕が思い出すのは、ヘレニズム時代です。ヘレニズムというのは、アレキサンダーがペルシアを討って、ギリシアが一気に拡大し、エジプトまで勢力を広げた時代です。そのころ、ギリシア文明の力が非常に大きくなったのですが、そこで何が起きたかというと、どこに行っても、ギリシア語じゃないと幅がきかなくなったんです。さきほどの大野さんの話のように、ギリシア文明にギリシア語がついて行ったんですね。

大野　なるほど。
森本　例えば、「バーバリアン」という言葉がある。これは本来は「バルバロイ」といって、「ギリシア語を話せない人」「ギリシア語と違う言葉を話す人」という意味です。それが、即、野蛮人ということになってしまった。そこで、オリエントの人たちはみんなギリシア語を使い始めたんです。野蛮人と言われたんじゃ、たまんないからね。ところが、どうしたって、ギリシア人ほどにはうまくなれず、訛っちゃうんですよ。ギリシア人は、それを「コイネ」と言った。で、コイネだらけになり、結局、それが国際語のようになってしまって、本来のギリシア語はしだいに変質していった。だから、英語が、このまま広がっていくと、英語という言語そのものを損なうことにもつながるでしょうね。
鈴木　その通り。まこと、お気の毒な事態なんです。英語がそれでめちゃくちゃになるのも、運命ですね。われわれは、それを手伝えばいいということになる（笑）……。
森本　今や英語はコイネになっている、そして、コイネを使っているうち、自分じゃ国際的になったつもりで日本は本来の日本の性格を見失い、まさしくバーバリアンになっていくということですよ。
大野　まったくそうだ。
鈴木　そこでね、私は、日本がこのままアメリカにピッタリとついていって、本当に

いいのか、いまそれを議論すべきだと言っています。

森本　そう、それが、まさしく日本の岐路ですから。

文明の賞味期限

大野　森本さん、あなたは世界中の文明を見て歩いているけど、やはり文明にも賞味期限みたいなものがあるんじゃないかしら。

森本　ありますね。

大野　文明はどのくらい続くものだと思います？

森本　今までの歴史からみて、最盛期はだいたい百年ですね。

大野　意外に長いんだな。

鈴木　でも、最近はスピードアップされている。

森本　イギリスが百年。続いてアメリカが百年。

鈴木　私の考えでは、日本の最盛期は三十年だと思っている。ですから、この辺で無理に大国を目指さずに、小国、中国として軟着陸する場所を真剣に考えたほうがいい。ところが、政治家や経済人は、無意識に大国路線を歩み、アメリカに後《おく》れをとらないように、とらないようにという方向にむかっている。

大野　そういうところがありますね。

鈴木　ちょっと下世話な譬《たと》えになるけど、そろそろアメリカという旦那に身も心も捧げるのではなくて、顔を合わせている時だけサーヴィスしたらいいんじゃないの（笑）。今のままじゃ、アメリカがコケた途端に、日本もコケてしまう。旦那だけでなく、たまには隣の若衆かなんかを可愛がるとかしたほうが（笑）。

大野　その観点は大事だね。

鈴木　確かに、五十年前には、われわれもアメリカに憧れた。しかし、倫理的、経済的、人種的に、いろいろと今のように問題のある国の繁栄がいつまでも続くとは思えない。英語を第二公用語にしようという最近の議論は、アメリカの繁栄が永遠に続くということを前提にしてはじめて成り立つ発想でしょう。その前提が崩れたら、英語そのものの勢いもなくなってしまう。

大野　そうなんだよ。

鈴木　英語に入れ揚げる前に、日本語を国連の公用語にするなど、多様化した世界を作る努力をすべきだと思う。

大野　日本には、それだけの気概がないな。

アメリカ信仰

鈴木　現在の「アメリカン・ウェイ・オブ・ライフ」が、もはや人類の理想像になり得ないのは、間違いない。アメリカの景気もいつまで続くかわからないし、また道徳的にも駄目。地球環境的な視点からは最悪。何しろ人口比にして世界の五パーセント弱のアメリカが、地球温暖化の原因の二酸化炭素を二十五パーセントも出している。つまり一人の人間がアメリカ的生活をすることで地球に及ぼしている害という視点からも、アメリカは行き詰まっていると思う。そりゃあ、かつて一九五〇年代はわれわれにとっても、アメリカは素晴らしい国でしたねえ。お勝手ではお湯がでるし、あかぎれは作らずにすむし……。

森本　確かにそうだった。

鈴木　良きアメリカです。しかし、今、日本人の指導的立場にある人たちが付き合うアメリカ人は、アメリカ人の数パーセントに過ぎません。しかもその人たちは、黒人やヒスパニックの上に立っているわけです。黒人に「アメリカはいい国か」と訊いても、誰もいいとは言わないですよ。それなのに、日本のインテリの中にはアメリカは素晴らしいなんて未だに言っている人が多い……。

森本　日本では、アメリカについていけば安心だ、というような能天気な雰囲気が支配的だからなあ。

鈴木　それが間違いなんです。そこで、西欧先進諸国を部分的ではあっても追い越した日本はどうするか。もう日本一国の繁栄と独立だけではなく、世界の世話、人類の行く末に思いをいたさないと、日本は大国として欠陥商品なんだというのが、私の考えなんです。やる気になれば、日本はやれる国なんですよ。東西の文明を融合した日本は、むしろ逆に、世界の過度な西洋化、アメリカナイゼーションの危険を指摘して、世界、とくに西欧諸国に向かって「もっと日本化しなさい」と言えるのではないかと思うんです。それを、日本人が自覚しないで、アメリカについていけばいいという。

森本　まったく、近視眼的だと思う。でも不思議だな。なぜ日本人は戦争で負けたのに、反省を通りこして卑屈になっちゃったんだろう。

鈴木　負けるときに、本土を戦闘で蹂躪されたり、白兵戦や市街戦をやらなかったせいですよ。空襲、艦砲射撃、そして原爆の被害は大きかったが、その行為の背後にいる人間を直接意識しない。相手の顔が見えれば、人間的な恐怖と憎しみがもっと強くなったと思う。敗戦後も、沖縄は別として、アメリカが手酷い占領をしなかったのが、逆効果だったんじゃないか。

森本　一にもアメリカ、二にもアメリカ。ぼくには植民地願望としか思えない。何とも情けない国になりましたねえ。

日本の特殊性

大野　日本という国は、基本的には暮らしやすい国だと思う。気温も適当で、寒くもなければ暑くもないから、自然と仲良くしていれば生きていける。生きる目的とか手段を思い詰めて考える必要がないでしょう。だから農業時代はそれでよかったんだ。

鈴木　ヨーロッパにくらべて風土として豊かですよね。麦の収穫量ひとつとってみても、すでに中世には格段の差があった。シェイクスピア時代のイギリスなんて荒涼たるものですよ。恒常的に食料不足だし、花も咲かず、鳥も啼かないような……。

森本　日本は鎖国しても、国内でなんとか賄えたんだから。

鈴木　不毛の地のヨーロッパは、外に向かわざるを得なかったので、大航海時代が十五世紀末から始まる。当時はオスマン・トルコががんばっていて、南へ向かうことができず、西へ向かったのが、コロンブスであり、バスコ・ダ・ガマ。ヨーロッパが鬱積したエネルギーを強烈に外へ吐き出そうとしていたこの時期に、日本は世界との関係を断って、内にこもるようになったんです。この時代の日本は、対外関係にエネルギーを使う必要もなかったし、まして江戸時代は、戦さのない太平の世でしょう。

大野　武士は暇をもてあましただろうね。

鈴木　尾羽を長くした長尾鶏、逆に尾骨までとった尾の短い鶏、極小のウズラチャボをつくったり、椿や桜草、朝顔の品種改良をやったりね。

森本　まさに天下泰平だな（笑）。

鈴木　明治になって国際社会とふれるようになっても、長い年月の間で培われた雰囲気からなかなか抜け出せなかったんじゃないかな。三百年は長いものね。

大野　日本は異民族に蹂躙されたことがないから、ボヤーッとしていても生きられる場所だったんだと思う。

森本　善くも悪くも、それが日本という国だったんだなあ（笑）。

鈴木　だから、人間としての錬磨度が足りないんですよ。侵略されて揉まれていないから。世界で今生き残っている民族は、日本以外はすべて錬磨度がすごく高い民族だと言えるんじゃないですか。日本にも侵略されるのではないかという危機感は常にあったから、その都度、自発的に外部から高い文明を吸収する努力はしていたけれど、手に穴をあけて物干し竿に吊るすとか、耳やペニスをちょん切られるとか、そういう酷い目に日常的にはあっていない。しかも明治以後になると、日本人は戦争は勝つものだと考えていた節があったでしょう。

大野　日清・日露で勝ってしまったからね。

鈴木　だから、戦争が悲惨なものだという認識に欠けていた。ところが、大東亜戦争で負けると、一転して永久に戦争放棄。ヨーロッパ大陸のように戦争慣れしていないから、戦争終結のタイミングをつかむのも下手だったし……。一兵になるまで戦うと息巻く始末だったでしょう。

大野　この間、聖路加病院に行ったんだけど、あそこは戦時中も爆撃されなかった。九州の八幡も周辺はやられたけど、製鉄所だけは爆撃をのがれたんだ。

森本　だから？　何を言わんとするか、その真意や如何に（笑）。

大野　破壊しつくしてしまうと、戦後の復興がたいへんじゃないですか。

鈴木　戦争慣れしたユーラシア民族の戦争の論理だ。戦いの最中に、戦後のことを考えている。

森本　オスマン・トルコの対応も同じだった。

「日本独自」のもの？

大野　今の状態から、日本はどうやって抜け出すか。それを考えてみたいと思うんですよ。できるかできないか、まあ、どっちにしろ生きていくしかないんだが……。

森本　いや、もう駄目なんじゃないですか、この国は。

大野　まあまあ、実はこういうことがあったんです。一九七〇年代の終わりに、イタリアへ行ったとき、僕はあるイギリス人にこう言われたんです。自分のジャパニーズカーは「マーベラスだ」とね。マーベラスって、「驚嘆すべき」という意味でしょう。「信じることができない、ありそうもない」という意味もあるそうだけどね（笑）。でも、彼らは褒め言葉として言っていると思うんですよ。そのとき、僕は、涙がこぼれそうになった。戦争に負けて三十年で、日本の製品はここまで来たと……。だって、僕は子供の頃から、フォードのトラックの排気ガスを「いい匂いだ」なんて嗅いで育った世代だし、日本は、クリスマス期間の二日間だけもてばいいような小さな電球をアメリカに輸出してやってきたんだから。

森本　それはそうかもしれないが……。

大野　それと、僕は一九八一年から八二年にかけてインドに行っていたんです。その頃、僕も国語改革の惨状を見ていて、日本語は駄目になるなあと思っていたんですよ。しかし、インドに行って、日本語を勉強したいと熱心に言うインド人の姿を見たんです。それで考えたのです。これは前にも言いましたけど、言語は文明とともにあるとね。文明力を持てば、その言語は生き残るが、衰えれば別の文明に巻き込まれる。オランダ語がそうでした。江戸時代、日本人はオランダ語を学んできたが、オランダの国力が衰えた途端、それを習う日本人はいなくなったわけです。

鈴木　本当にそうですね。

大野　じゃあ、日本の戦後はどうか。

鈴木　日本人の勤勉な下士官的適応能力が機能したのですよ。しかも終始、アメリカの世界戦略の平和な部分だけを受け持てばよかったから、ここまで来れたんですね。だから、日本がいまの疑似独立に甘えずに、本当に独立するとなれば、本格的な武装も必要になって大変なことになると思う。

森本　戦後の日本はどう見ても独立国じゃない。アメリカの州なみだ。いや、アメリカの各州のほうがもっと独立してますよ。

大野　独立どころか、日本が独自の何かを持っているという見方は、ここらで本気で考え直したほうがいい。人類は独自にはいかないんです。「日本独自」と言いだしたのは国学者の本居宣長なんだが、中国やインドと違うということだけで、日本は独自な国だと頑張ったのは間違っていた。日本はアジアの一番はずれにある島国で、いってみれば、西南太平洋にたくさんある島の一つです。

鈴木　ヤポネシアですね。

大野　そう、ヤポネシアだ。島崎藤村じゃないが、ヤシの実が流れ着くようなね。日本というのは、いつも文明の輸入から、新しいことが始まっている国なんです。しかも、それを消化して、穏やかに暮らしていれば生きていられる。さっきから言っているように、受け入れる感性・情感こそが、最も特徴的な日本の文化であり、それでやってきたんです。

鈴木　日本だけのものって殆どないですよね。

大野　日本独自のものは、それは、気候なんですよ。

鈴木　いや冗談じゃなくて、本当にそれが大事。

森本　夏目漱石の『三四郎』におもしろい場面がある。広田先生が、間もなく汽車の窓から富士山が見えるが「あれが日本一の名物だ。あれより外に自慢するものは何もない。ところがその富士山は天然自然に昔からあったものなんだから仕方がない。我々が拵《こしら》えたものじゃない」と三四郎に言う。三四郎が驚いて、「日本もこれから段々発展するでしょう」と弁護すると、「亡びるね」と言われてしまう。これ、当たってますな。げんに、今、日本は滅びつつあるじゃないですか……。

鈴木　本当に。人間がすっかり駄目になりましたね。

大野　じゃあ、滅びないように……。僕は滅びたくないんだ（笑）。

森本　僕だって、そう思いますよ。でも、無理だな。

大野　まあ、そう急がないで……（笑）。日本という地域は、先ほども言ったけれど、世界の文明史の末流にいて、流れ着いた文明を消化していればいいところだったと思います。そこには、自然を大事にして、生かしていくという精神があった。そういう精神がないとこれから先の世界は駄目だと思う。だけどヨーロッパ人にとっての自然は、戦って克服して、そこから何か奪ってくる対象です。だから、何でも自然をよく見て、分析して、そこからいいものを取ってこようとしたんです。そういう伝統がずっとある。アラビア文明もそうだし、ヨーロッパはそれを受け継ぎました。そうなると、文明が力を持つために大事なことは、やっぱり、ものをよく見るということじゃないかと思います。感じるのではなくて、見る。見るということについて、もっと日本人はよく考えて、眼が細かくなる必要がある。学校でも、見ることと見たことを正確に言葉にする、その言葉を大事にすることを教えなければいけないんですよ。言葉をおろそかにすると、見ることが駄目になる。

鈴木　そうです。日本の中核価値は日本語の中に納まっている。

大野　これまで日本独自の文明といえるものは長い間なかった。しかしものを見ることができれば、この先、日本人が何かを発明することができるようになるじゃないですか。今だって、携帯電話の技術では日本は進んでいて、これが世界に影響を与えるだろうと言っている人もいますよ。物をよく見て、構造的に体系的に考えをまとめるという習慣を養わない限り、日本人はこれからの世界を生きて行けない。一瞬の美を感じて和歌や俳句を作っているだけでは、間に合わない。行政でも会社運営でも、事実、真実に対して謙虚に論理的に見抜く習慣を養わないと駄目だ。すこしよくなると、

すぐいい加減なことをする。

日本人は日本語をどう作り上げてきたか

大野　晋

日本とは何かという問いは、今まで繰り返し出されてきたし、答える人によっていろいろな角度からそれぞれの答えが書かれてきた。

私も同じ問いを自分に課した。それは高等学校の生徒になって、ヨーロッパの翻訳小説を読んでいくうちに、日本の小説とは異質の面白さを感じて、どうしてこういう相違が生じるのだろうと疑問を抱いたのだった。日本とヨーロッパの違いは小説に見られるだけでなく、美術にも建築にも、思考法にも、いわば広く万事について見られるのだが、まず私は文学を通じて日本とは何なのかを考えようとした。そのうち日本の精神は『万葉集』に書いてあると読んで、『万葉集』の正確な解読と認識が必要だと思った。そして『万葉代匠記』などを見ると、これは漢字の知識、古代音韻の知識、文法の知識などを必要とすることが分かったので、大学でそれを勉強しようとした。

大学にはいると、石垣謙二氏に薦められて橋本進吉先生の演習に出席した。そこで文字の一点一画、一字一語を究明しなくてはいけないことを教えられ、その方法を学んだ。そこから関心は次第に言語に寄ってゆき、歴史以前の日本語の由来という課題が心に懸かり、一生そこから離れられないという結果になった。しかし、日本とは何なのかという問いはそういう言語学的な課題を追究しているだけでは、答えられないことも明らかだった。言語はいつも文化と共にあると私は無前提的に思い込んでいたので、日本の文化とは何なのかを知らなくてはと思っていた。

以下、私が「日本とは何なのか」を求めていくうちに、気づいたことを書いてみよう。

高校生の頃、和辻哲郎の『風土』を読んだ。これによって風土的特質が人間の思想、社会生活のありように深い関係があることを知った。日本の風土は日本人にとっては日常の生活の基本的な条件だから、あまりにも当然のこととして、日本人はそれをそのまま受け入れるだけで、それが外国の気候と較べてどんな特質を持っているのかと考えることは一般になされていない。しかし風土が何を日本人にもたらしたかは必ず考慮すべきことである。

日本はアジアの東端にあり、北緯三十五度を中心とする列島である。外敵、異民族はたやすく侵攻してこない。その意味で安全な安定した場所である。北緯三十五度は地中海のクレタ島、ジブラルタルの緯度とほぼ同じである。地中海地方といえばヨーロッパでは明るい、暖かく快い地域である。日本の本州・四国・九州では気候は極寒も酷暑もない（私は南インドで気温四十二度を経験して、日本は温和だということを感じた）。日本はまたモンスーン地帯に属して湿度が高く、雨が豊富である（山といえば日本人は青々とした樹木を連想するが、山は禿山であるのが普通な地域は世界に多い）。激烈な風雨は稀であり、日本人は三ヶ月で廻る四季の移り行きを味わい楽しむ。日本は自然条件に恵まれた暮らしやすい場所である。

しかし、日本の気温と湿度とは恒常不変なのではなく、朝昼夜と微妙に変化する（韓国のソウルに長らく住まれた時枝誠記先生は東京に帰ってきて気温・湿度が一日の中ですら目まぐるしく変化するので対応に非常に疲れるという感想を漏らされた）。日本人の作る俳句は季語（四季の一つを示す単語）を含まなくては成立しなかった。このように日本の四季への対応は日本人の心情を形成する上で、極めて大きな役割を果たしてきた。日本人は自然と仲良く付き合うこと、自然の微妙な変化にいつも適応することを心懸ける。と同じく、人間と人間とも優しく付き合うことを第一に、仲良しクラブを作っていけると思っている。こうした気候に関する条件は世界中どこでも同じで、みんな仲良くやっていくことはむつかしくないと日本人は思いやすい。しかしこれは日本の特殊条件なのだと考えるべきである。

それが大きな変化なしに、この何千年かを推移してきた。

この自然条件の中で展開した技術的文明にはいくつかの発展がある。

①まず旧石器時代といわれる木器・石器だけを使って生活していた時代があった。これは今から一万年前よりもっと古い時期である。この時期の言語も信仰も未だ明らかにできない。

②次いで土器の製作を始めた時代がくる。それが縄文時代である。今からおよそ一万年前からであり、この時期に土器製作を始めたことは世界的に見て最も古いらしい。これは近隣から伝来した技術であるとは今のところ考えられていない。製作する土器は主に物を貯蔵したり煮て食べるために使われたと覚しいが、この時代の中途から既に集落をなして生活が営まれ（青森県三内丸山遺跡など）、栗などの栽培を始めていたらしく、魚介類も極めて多く食用にした（しかし穀物を生産する技術はまだこの時代には無かった）。日本語は今日、音節が母音終わりだという特徴を持っている。それはこの縄文時代の言語が南太平洋のオーストロネシア語の仲間で、それが母音終わりである特質を日本語も共有していて、その特質が弥生時代以後もずっと保持されてきたのだろうと私は推定している。

③紀元前五〇〇年頃、水田耕作・金属使用・機織という文明複合が一挙に北九州から始まった。そこからが弥生時代である。穀物をこの時期になって得たことは、世界

史的に見れば極めて遅いことを知っておく必要がある。しかもこれらの技術は日本人が自分で発明したのではなく、輸入して真似たものである。というのはそれらが最初から極めて高度に発達しているからである。

輸入した先は主として韓国あるいは中国の江南からと考えられている。しかし、私はそれらの文明の中心的な部分は南インドのタミル地方から輸入したのだろうと見ている。

その理由は二つある。その一は最古のタミル語（BC200〜AD200）と最古の日本語（AD700）とを比較するとき、この二つの言語の間に種々の対応が見出せることである。

1、約五〇〇語の語根についてきちんとした対応がある。

2、文法が共に膠着語である。助詞・助動詞が名詞・動詞の後にくる。最古のタミル語と最古の日本語の間にはその中に二〇語の助詞・助動詞の対応がある。

3、ゾ・カ・ヤの係り結びを共有している。

4、五七五七五七……七の長歌形式、五七五七七の短歌形式を共有している。

5、但し、タミル語は子音終わりの音節を持っている。それに対して日本語は常に母音終わりで、タミル語とは相違する。それは縄文時代の日本語が母音終わりであったのを受け継いだものと考えられる。その結果、タミル語と日本語とは見かけ上大きな相違が生じた。

これを見ると、現代日本語の基礎はこの時に確立され、以後それが伝承されてきたことが分かる。つまり、この二つの言語は密接な関係にあり、同系であるといえる。文明がタミルから来たとみる理由の二は、その約五〇〇の対応語の中に文明に関する次のような単語が含まれているからである。

農耕……アゼ（畔）、ウネ（畦）、クロ（畦）、タンボ（田んぼ）、ハタ（畑）
農作物…アハ（粟）、カユ（粥）、コメ（米）、ナヘ（苗）、ヌカ（糠）、ヒネ（古米）、モチ（餅）、ワセ（早稲）、ワラ（藁）
金属……カネ（金）、タカラ（宝）
機織……アゼ（綜）、ウム（績む）、オル（織る）、カセ（桛）、ハタ（布・旗・服）

（詳しくは岩波書店『日本語の形成』二〇〇〇年刊を参照）

縄文時代には、これらの物自体が日本に無かった。それが弥生時代に一斉に出現した。その物の名がタミル語と日本語とに共通であることは、ここに挙げた文明的な事物がタミル語圏から輸入されたものであることを示すと私は考えている。何故なら、外国から輸入された食糧などの名は、原語のまま受け入れ側に入るのが通例だからである（例えば、タバコ・ボーロ・カルタなどは、室町時代、ポルトガルと交通が始まったとき、その物がポルトガルから輸入され、ポルトガル語が一緒に日本に入ったものである）。事実、考古学的観点からタミルと日本の同時代を比較すると、甕棺《かめかん》・壺・支石墓・記号文などに具体的な一致が見られる。

日本には縄文時代後期・晩期に既に稲があったことが、土中に埋没した稲の葉に含まれているガラス質、プラントオパールの検査によって確認されている。しかし、そこに水田の跡はない。稲作は水田によって日本に広まった。だから水田の跡を見つけることが大切である。その水田の存在は弥生時代初期の北九州に始まる。世界最古の稲がどこにあるかということがよく問題になるが、それと日本の水田稲作がどこから来たかは別の問題である。

こうした文明の技術の輸入の場合には、言葉だけが先に輸入されるのではなく、先にまず文明の輸入があり、それに伴って、新文明の言語が広まり、うけ入れ側の古い文明の言語が忘れられて新文明の言語へと巻き込まれていくものである（私の立証は言語を手段として始まった。だから言語学的な証明が先になったが、その対応する単語の中に、右に挙げた文明語の存在が判明した。ということは、当時の現実としてはそれらの文明複合、つまり物と技術と言葉とは同時に日本に広まったはずだと思う）。

タミルと日本との関係を考える上で、重要なことはこうした物に関する単語だけでなく、日本人の精神生活に関する単語にも対応が見出されることである。

カミ（神）、マツル（祭る）、ハラフ（祓ふ）、イツ（稜威）、イミ（忌み）、ウヤマフ（敬ふ）、アガム（崇む）、コフ（乞ふ）、ツミ（罪）、ノム（祈む）、ハカ（墓）、ヒ（霊力）、モノ（怨霊）などがそれである（詳しくは新潮文庫『日本人の神』二〇〇一年刊を参照）。

ここには日本の古来の宗教意識に関わる単語の大部分が含まれている。

ここにカミ（神）という言葉、及びそれに伴う多くの言葉が対応語として見出されるが、日本の古代のカミの特質は次のようなものであった。

1、たくさんいた。八百万のカミという。

2、本来、何処にいるか分からない、見えない、姿のない存在だった。

3、食物をマツリ（祭）祈願すると、その場所に来臨して人間に幸せを与えると信じられていた。

4、カミの怒りに触れると、カミは人間に死を与えた。

5、カミはそのまま「雷」や「山」を意味することもあった。

6、カミは高天原《たかまがはら》にもいて、それは山などに降下し、峠などを占有していた。人間は通行にあたって幣《ぬさ》を供えて通行の許可をもらった。

7、カミは『古事記』『日本書紀』の神話の中では人間化され、男の神・女の神という形を持つに至り、イザナキ・イザナミのように結婚して島々を生んだ。

8、カミは一定の地域を支配する力を持っていた。

9、『古事記』などに「悪神《アラブルカミ》」として登場するものがかなり多く、それは「性質が悪い神」と注釈されている。しかし、実は全て天皇家に反逆する地方領主を指している。だからカミは領主つまり土地の支配者でもあった（この点、本居宣長以来の解釈は誤っている）。

この中で特に重要な1、2、3の如きは、現代日本でもそのまま生きていて、日本人の心にあり、事に応じて、そういうカミの存在が現在も認められる。たとえば地鎮祭は、土地の領有者であるカミに、その使用を願う祭儀である。また各地の「祭礼」はすべて神への食糧の奉祭である。

タミル語に「カミ」の対応語がある。それは超能力を有し、かつ、支配者でもあった。タミル語を含むドラヴィダ語族の古代のカミ観念を見ると、カミは姿を見せず、降下する場所を設けて酒食を供えると、来臨して人間に幸福を与えるという。これは日本のカミと本質的に共通である。また人間は吉事を願ったり、悪事の償いをするにはハラへ（祓へ）をする。タミルではモノ（怨霊）を恐れ、それに物を供えて宥めようとする。つまり日本の古代の「御霊信仰《ごりょうしんこう》」の原型はタミルにある。

こういう単語や行事を見れば、日本独自と思われてきた「日本の神」の思想も基本的にはタミルと共通であったことが分かる。これほどの事実と言葉の共通があるからには、他の文明的技術、つまり水田耕作・金属使用・機織という技術が文明複合として輸入されるに伴って、カミの思想もまた輸入されて広まり、信仰として固定したと考えられる。

これらの技術的、精神的な面における単語と、具体的な事実、行事そのものを導入した弥生時代という時代は、今日の日本の原型を考える上で極めて重要である。ただし、タミルからは文字は輸入されなかったことも注目すべき点である。タミル文字がタミルの地で広まる前に、タミルと日本との関係は切れたものと考えられる。

④次の時代は古墳時代である。

これは朝鮮からの影響が大きかった時代である。考古学的にも日本の古墳時代の文化は朝鮮の文明と多く近似している。

この時期に高句麗の支配力が日本に大きな力を及ぼしたことは次の三つの単語の共通によって知られるだろう。

日本語コホリ（郡）と朝鮮語 koper（郡）
日本語ムラ（村）と朝鮮語 maïl（里）
日本語ハタル（徴税する）と朝鮮語 pat（徴税する）

こうした行政区画の単位の名称、徴税という動詞が対応することは、古代朝鮮語の種族が日本でその行政権を行使していただろうことを推測させる。

これに加えて『高句麗地理誌』の記述から、

三《ミツ》・五《ウチヤ》・七《ナヌン》・十《ト》

という日本語の数詞に類似する単語が見出された。これは高句麗の文明が日本に強く影響したことを示すものである（中国の古代文明は極めて卓越していたから、中国周辺の言語の中には、数詞の一部分に中国語を採用しているものが少なくない。日本語なども大きな数になると大和《やまと》言葉でいうことができず、中国の千・万・億・兆という単位をそのまま使っている）。数詞が広まるとは、その数詞を使う文明が広まって行ったことを示すものである。

⑤古墳時代の後期、欽明天皇の時代に百済《くだら》の聖明王が仏教の経論と仏像とを日本に贈った。これは、

1、漢文で思想的な内容を書いた書籍が日本に到来した最初である。つまり、漢字、漢文という表現形式が先進文明として日本に入り、日本人はそれの学習に力を注ぎ始めたのである。

2、日本のカミは威力を持ち、人間が奉祭するときには人間に幸福を与えたが、背くと人間に死を与える恐ろしい存在であった。ところが、仏陀はもっぱら人間の苦しみを救うものと受け取られた。これは当時の民衆にとって新しい思想であった。

3、カミは姿・形を持たなかったのに、仏教は立派な寺院と精巧な仏像をもたら

した。崇敬する偶像を跪拝することによって救済を得るという説法は民衆に受け入れられやすかったにちがいない。

4、日本のカミは社殿を持たなかったが、仏教寺院の影響で神社が建てられるようになった。

5、仏教の経論の詳細な内容がたやすく民衆に理解されたとは考えられないが、知識層の人々はこの難解な仏典を解釈するために大きな努力を傾注した。

日本語ではマナブ（学ぶ）はマネブともいい、「真似をする」ことが語源であるが、「学ぶ」が何故真似することに語源をもつかといえば、何千字という難解な漢文の一字一字の発音と意味を学ぶ第一歩は師の発音を真似することから始まったはずだからである。その結果、日本では学問するとは「自分で材料を集めてそれを比較し、分類して、そこに筋道を見出す」ということなのにそれを身につけることができず、いつも真似をすることが「学問」になってしまった。つまり、漢字・漢文の理解を知的努力の最初の目的とする習慣が一般化したのである。

仏教が輸入されたとき、それに対して賛否の両派が生じた。政府の治安維持を任務としていた物部《もののべ》氏が反対したのは当然である。何故なら、モノとは「社会のきまり、さだめ」という意味を担う単語であったから、物部氏とは「社会のきまり、さだめ」を守る部族という意味であった。治安を任務とする氏だったから天皇に対する叛逆者を討伐し、刑罰を決定することもその役目だった。そうした仕事をするのは保守派であるのが自然である。それに対し、蘇我氏は大陸から渡来した氏族を配下に置き、積極的な農業生産策を取っている氏族であったから、進んで新思想である仏教を取り入れようとした。こうして飛鳥時代に日本に仏教という新しい思想が広められた。

日本ではこういう経過をとって、タミルから言語・芸術の基本形式を輸入し、カミ観念の体系を獲得し、漢文によってホトケを拝むことを日本人は学んだと見られる。これらが日本の文明と文化の基礎となった。

日本とは何かを考える上で、日本人の弱点と思われることを一つ挙げたい。それは日本人が「体系的な思考」に弱いということである。人間界についても、自然界についても、分析を重ねていって原理・原則を求め、それを全体として観察して構造的に、体系的に把握する力が弱い。

それを私は憲法あるいは法律の制定に見ることができるように思う。奈良時代、日本の律令が成立した。これは日本の行政法と刑法の文字的な初めての制定である。しかし、その骨格は唐律・唐令の借用であった。しかもそれを長く実行することができず、公地公民という思想は日本に根付くことなく、平安時代になると荘園の私有制へと転じて行った。また明治維新では、新時代を確立するために、民法をフランス法から、刑法をドイツ法から翻訳借用した。太平洋戦争の後では憲法を英文から翻訳し用いている。

法律は社会生活の規範であり、その規定は社会生活の全面に及ぶはずのものである。その制定のためには、社会生活において起こり得る様々の場合を予め周到に見て取り、その成り行きに対する対応がぬかりなく見通され、処置の仕方が予め設定されていなくてはならない。したがって法律の制定には、それだけの体系的な観察力と洞察力とを必要とする。

日本人は律令制の開始にも、明治初年の制度改新に当たっても外国の法律を借用し翻訳して使った（勿論、あまりに慣習の違うものは捨てたが）。つまり、自分自身が社会の進むべき方向を見て取り、それを組織化するのではなく、まず外国の結果をそのまま取り入れようとした。したがってそれらの諸法規の根底にあって、外国の法規を決定している根本的思考体系までは理解せず、外国で永い歴史的展開を経た成果を、そのまま形式として模倣し間に合わせようとする。したがって、折角の新法律も短い年月の内に、実行に不便を感じ、ゆるくいい加減にしていく。

日本人が構造的把握の力に乏しいことを特に私が感じたのは、中世以降の神道の成立を調べたときである。私は思っていた。仏教以前の日本の宗教の伝統を理解し、カミを中心とする観念を組織化しようとした神道家が両部神道《りょうぶしんとう》・伊勢神道などを確立したのであろうと。ところが改めてその神道の内容を見ると、カミの論理付けについては神道家は基本的には仏教の発想あるいは論理的構成に寄り掛かった。江戸時代になると、儒教の世界観に追随して神道なるものを樹立しようとした。その内容は、『日本書紀』などの古書の神名を、幼稚な語呂合せの解釈によって説明し、いかにも権威があるかのように見せかけたものであった。それらは全て宗教の基本的問題である生あるいは死をいかに捉え、いかに論理付けるかという基本的問いかけを欠き、もっぱら仏教や儒教に擬似的な体系を作ることをもって足れりとするものであった。私はすっかり驚いてしまった。自分の眼で現実の生や死、あるいは人間関係を見分け、考察を加え、そこに見られる事実を論理化し、体系化していく努力は何らなされていなかった。神道の論理付けは粗雑であり、人間の生と死を見極めようとする真剣な姿勢は何もない、はなはだ脆弱《ぜいじゃく》なものなのだった。

日本人は『万葉集』以来、何万という恋愛歌・四季の移り行きの歌を作ってきている。それらはいわば感性の世界である。物事を周到に全面的に構造的に見分けるものではない。

江戸時代の末に至って、日本人の中にも科学的な研究をする人が現れ、現在では多くの科学者が世界的な業績をあげているが、一体「科学」の基本は何なのだろう。「科学」を英語でいえば science である。science の語源は Klein の "Comprehensive

Etymological English Dictionary"（1970）によれば"to separate one thing from another, to distinguish"であるという。遡るとscindereであり、それは"to cut, split, cleave"と関係があるという。つまり「一つのことを他と区別する、区分する」ことであり、「切って分ける」ことに由来するらしい。ということは、「科学」は物を観察して区別し、区分することから始まるらしい。そうだとすれば日本に科学が発達しなかったのは、日本人が物事を見て分析し、さらに分析を重ねていく習慣を持たなかった、そうした考え方をしなかった結果である。日本語の語彙には中国語からの借入れ語「分別」がある。「分」とは刀で八（二つ）にすることである。「別」とは関節を刀で切り分けることであるという。つまり切って分けることである。しかし「分別くさい」とは、そうした筋道をつけて思考することを蔑視した言い方である。

日本人は一瞬のうちに感じとって反応することをよしとする。感じることが先であって、見て区分することに力を注がない。もちろん私のやっている学問の先人の中に、正確に区分することを大切にした人がいないわけではない。その人として藤原定家、契沖、本居宣長を挙げることができる。橋本進吉も同列である。

日本人は見分けること、区分してそれを全体として体系化して認識するという習慣を国民の風として身につけることが必要である。それが行き渡らなくては、これからの精密な電子の世界に対応し、生き抜いていくことはできないだろう。今日の政治上、経済上の破局的事態も、結局はものをきちんと見分け、見分けられた結果を明確に把握し、それを処置するという「科学的」な基本がいい加減であることに由来するように見える。

第二部　日本語について

現在の国語教育の問題点

森本　日本人には自分たちが言葉の力、つまり、われわれにとっては日本語ですね、それを充分に使いこなせる能力を充分もっているという錯覚があった。だからこれまでの国語教育はやたら文学偏重で、国語を言語として養成する方向になかったでしょう。その点に国語教育の問題点があったように思いますがね……。

大野　現在、学校では、文節というものを中心にした橋本進吉先生の考え方を基礎にした文法体系を教えています。橋本先生の文法論は、文法学としてたいへん優れたものだと思うんですけれど、それは学問としてであって、日本語上達の術としてではない。文法学を易しい形にしてそのまま学校教育に持ち込んでいる。だから生徒は、文法嫌いになる。橋本先生の教え子である私が、こういうことを申し上げては非常に申し訳ないんですけど、橋本先生の文法学を習っても、日本語が上手になることに直接には役に立たないんです。

森本　橋本先生の功績はたいへん大きなものですけれど、日本語という独自の言語をインド・ヨーロッパ系の文法に無理にあてはめようとしたことから、日本語文法がおかしくなったのではないかと思う。

大野　いや、それはそうではないのですけどね。例えば、「友達と、一緒に、神田へ、本を、買いに、行きました」を「友達、と一緒に、神田へ本、を買いに」とは言わないということは、橋本先生のお蔭ではっきりしたわけよ。

鈴木　膠着語の可分、不可分に着目したわけですね。

大野　膠着語の文法的研究なら橋本先生の文法はどこの膠着語でも、おそらくモンゴル語でもトルコ語でも通用するはずなんです。そういう意味で、文法学的にはたいへん優れた着想なんですよ。しかし、日本語と英語の文法上の違いとか、日本語を読むときに、どこに気をつけなくてはいけないかというようなことは出てこないわけです。そういう点では、時枝誠記先生の文法のほうが日本語の特質を見ているところがありますね。

鈴木　入れ子型とか。

大野　フランスでは時枝文法の考え方が非常に重んじられているようです。国語教科書には、もっと文例をたくさん載せる必要があるのではありませんか。そうした例文を子供たちが見て、自分がふだん無意識に使っていた言葉が道理にかなって、正しいものかどうかを見分けることを具体的に知るという、そうした言葉へのアプローチが必要だと思うんですよ。

森本　そういうことを考える文法学者がいない。今後、新しい日本語文法がいるんじゃありませんか。

鈴木　日本語の語彙《ごい》を習得する機会も、国語教育の中で非常に減っているような気がします。うまく教えれば子供はいくらでも語彙を増やせるのに。

大野　子供たちが本を読まなくなったことも問題だね。とにかく、日本語の場合には、語彙の半分以上は漢字なんだから、漢字を消化できなければ困る。だから、やはり子供に本をたくさん読ませることですよ。そのためには母親が子供の幼いうちから寝かしつける前にわずかな時間でも、本を読んで聞かせるように心がけるべきではないかな。そうした習慣から物語に興味を感じた子供は、自分で字を覚えるようになれば、自然に本を読みたくなる。

鈴木　文部省、いや文部科学省っていうのか、あそこがやたらに漢字制限をするでしょう。あれは読める字と書ける字とが一致するものだという誤解から生まれたものですよ。

森本　まったくその通りだと思う。

鈴木　読める字は書ける字の百倍ぐらいある。いや、千倍くらいかな（笑）。

大野　近所の幼稚園で実験してみたんだけれど、字を覚えることに関しては、年齢は関係ないね。むしろ三歳児のほうが出来がよかったりする場合もある。男の子は動くものから教えるといいね。

鈴木　ゾウとかキリンとか、特徴があって、子供が関心をもつものの名は、どんなに字が難しくてもすぐ覚えてしまう。

大野　動物よりも、「飛行機」や「自動車」や「電車」。自分に興味のあるものだと、読むだけならどんどん読めるようになっていく。書くようにするのは、もっと後になってからでいいんです。少しでも読める字ができてくると、道を歩いていて、広告でも立札でもなんでも、自分の読める字を見つけると嬉しくて、字を次から次へと覚える。向き不向きがあるから、あまり強制してはいけないとは思うけれど、ふつう三歳くらいになれば、自分から喜んで字を覚えるものですよ。その辺から漢字への興味をつないでいけばいい。読める字は書ける字、書ける字と読める字とを一致させようとする文部省の方針は間違っている。現在の国語教育でもう一つ問題なのは、文字教育をカタカナから始めない点です。カタカナは漢字の一部分ですから、漢字に親しむためには、最初の文字として記憶するのに適している。

森本　昔はカタカナから始めた。ぼくの世代では、小学校一年の国語教科書はぜんぶカタカナだった。

大野　戦後、社会一般で使っている平仮名を教えるようにというアメリカ当局からの要請があったときに、あまり議論を戦わせることなく、その提案をありがたく採用した。その結果、丸文字という変体文字を書く少女たちが出現し、大手を振って闊歩するようになってしまったんだよ（笑）。

鈴木　変体文字で書いた本まで出版される始末だったけど、一時隆盛を極めた、あの丸文字は最近廃れてしまったのかな？　この頃、あまり見かけなくなったような気がするんだけど……。

大野　漢字の使用を続けるのであれば、カタカナから教えたほうがいいんだが。カタカナが読めない子がたくさんいるんですよ。

鈴木　子供ならまだ許せるけど、カタカナを満足に書けない大学生がいるんだから、教育のし甲斐があるというものです（笑）。慶応の優秀とされる学生が黒板に書いた文字を見ると、「ツ」と「シ」、「ソ」と「ン」の区別がつかない。ひらがなの「つ」や「し」との関連を習っていない上に、書き順がいい加減で、ペンキ屋が刷毛で書くように書くから、ああいう結果になる。理解教育優先で実践教育をなおざりにしてきた弊害ですよ。

森本　実践教育といえば、昔は読本をみんなで声を合わせて繰り返し読まされたり、誰が一番つかえずに読みつづけられるか競い合ったりしたものだったけどね。

鈴木　英語の授業でも、今の教育では、先生も生徒も声を出して読まないんです。ネイティヴが録音したものを聴くようにしている。それも必要だけれど、やはり自分で声を出して読み、何度も紙に書くことによって、口や手の筋肉を通して総合的に言語は体に染み込んでくる。講義を聴いてわかったつもりでも、口や手がこわばってしまってはね。車の仕組みがわかっていても、実際の運転ができないようなものですよ。

漢字の利点

大野　日本では、奈良時代に漢字が入ってきて、役人が漢文を必死に勉強した。漢文ができるようになった人は、出世して、それなりの生活ができたんです。その時代には漢字がわかんないというのは、致命的だったわけ。ところが、戦後、ローマ字と仮名文字が隆盛をきわめ、漢字撲滅をやって、漢字の勢力が弱まる。それにつれて、漢字に対する能力も低下してきた。

鈴木　新聞で「戦いが熾烈になった」と書かないで、「し烈」ですものね。「熾」と書けば、火が赤々とおこる感じが出る。こんな書き換えをするぐらいなら、「はげしく」と言い換えた方が無理がない。

森本　「埠頭」も「ふ頭」だ。「拉致」は「ら致」。新聞の見出しで、「こ線橋」とあったんで、何かと思ったら「跨線橋」。これじゃ言葉はメチャメチャになってしまう。「攪乱」は「かく乱」だしなあ。

鈴木　結局、原則も何もない。

森本　こういう日本語の「攪乱」は、大野さんが国語審議会を辞めた時点で始まったんですか（笑）。

大野　私が審議会委員になる前からじゃないかしら。

鈴木　ずっと後で、三期六年務めた国語審議会の委員を腹に据えかねることがあって辞めると言ったら、文部省の庶務課長が走ってきて、「お辞めになるのは自由だけど、叙勲対象から外れることをご存知ですか」って言われましたよ（笑）。

森本　あんなもの、もらわないほうがいい（笑）。

鈴木　私は、ご存知じゃなかったけれども、『侏儒の言葉』のなかで、芥川龍之介が「勲章なんかぶら下げて喜ぶのは子供と軍人だけだ」って書いていたけど、あんた読んだことないかねと言ってやったら、蛙の面に小便で、「ご承知なら結構です」だって（笑）。僕は悲しいような嬉しいような……。

森本　へえー、そんなことがあったんですか。それはご存知なかったな（笑）。

鈴木　戦後初期の国語審議会で、漢字は遅れた悪い文字だ、漢字を追放すれば、日本語は誰にでもわかるようになるという、非常に浅はかな考えで漢字を追放したわけですね。その際、外国語はいけないという条項がなかったために、カナ書きの外来語が氾濫しただけでなくいつのまにか生の外国語までを日本語に混ぜて使うようになった。外国語をそのまま誌名にしている雑誌も多いですね。私が調べた段階では二百五十くらいありましたけど。

大野 例えば、「アイデンティティ」というような概念は、日本語ではうまく表現できないけど、なんでもかんでも生のまま使うことが多すぎる。

森本 アイデンティティだって日本語で立派に表現できますよ。「自覚」といえばいいんです。そのほうがずっとわかりやすい。それをアイデンティティなんて言うから、わけがわからなくなるんですね。一般の人にとってカタカナ語の八割方はわかってないのじゃないかな。

鈴木 しかしアイデンティティの場合は、「自覚」といった既存の概念だけでは表わし切れない、日本にはなかった見方が含まれているので、止むを得ないと思いますが、大半のカタカナ語は不必要だし、第一意味がよくわからない。

森本 わからないと言うと、バカにされると思って、わかったふりをしているんだ。

大野 大和《やまと》言葉、漢語、カタカナ語とあって、カタカナ語を使うと、なんか高級のような感じがする。例えば、「思いつき」、「着想」、「アイディア」と段階をおって高級になるんですよ（笑）。

鈴木　そういえば、「そいつは思いつきだ」と非難されるけど、「それはいい思いつきだ」とはあまり言わない。

大野　戦後、漢字制限をしたために、日本では漢字による造語能力が低下してしまった。中国では、いまでも「電脳」（コンピュータ）とかやっているでしょう。漢字の利点は、二字・四音節で一語になるということなんです。「コンスティテューショナル・ロウ」が「憲法」、「コマーシャル・ロウ」が「商法」というように、短いうえになんとなく漢字を介してとっかかりができる。こうしたものを大和言葉に置き換えることはできないし、仮にできたとしても、長くなってしまう。そこで、カタカナ語の登場ということになるんですよ。

森本　でも、カタカナ語だったら、よけい長くなるじゃないですか。

大野　そこでどうするかというと、「リストラクション」は「リストラ」、「インフレーション」は「インフレ」というふうに四音節までで切るんです。ところが、このようにぶった切ってやってるかぎり、常に元の言葉は英語の字引を引かないとわからない。そういう状態になっている。

鈴木　そういうことですね。「エアコン」（コンディション）、「マザコン」（コンプレックス）、「ミスコン」（コンテスト）、「ボディコン」（コンシャス）、「リモコン」（コントロール）というように、「コン」というのが十いくつもの英語の省略になっている。それぞれ違うことばが、みんな「コン」となっていてコン惑しちゃう（笑）。漢字ならば同音でも、あの「コン」かとわかるんですけどね。

森本　なるほどね。

鈴木　「駅コン」は、東京駅の広いところでのコンサート、「ピアコン」は、ピアノコンチェルトというように、ほんとうにコン、コン、コンで、キツネの全国大会みたいになってしまう（笑）。

森本　キツネ語だな（笑）。

日本語の推移

森本　これは大野先生の専門だけれど、長い日本の歴史を考えてみても、日本語にはいろんな外部からの要素が見られると思うのですが……。

大野　僕の考えでは、縄文時代は、ポリネシアとかインドネシア系の四つの母音をもっている言語だったと思う。そこへ弥生時代に五母音で子音で終わるタミル語が入ってきた。もちろん単に言語が入ってきただけではなく、言語とともにいろいろ文明も入ってきた。

鈴木　文化複合ですね。

大野　紀元前五世紀にタミル語が入ってきて三世紀に弥生時代が終わるまでが、タミル語の時代。四世紀の古墳時代からは朝鮮の文明がどんどん入ってきたと思うんです。弥生時代も朝鮮文明の時代だとする意見が大勢を占めているけどね。古墳時代に行政上の技術的な単語が朝鮮から入ってきたんだと思う。例えば、「郡《こおり》」というような行政区画に関する基礎語とか――。きっとその時代に朝鮮の支配階級がやってきて、日本国をつくる大きな礎になったんだ。次の時代になると、遣隋使や遣唐使として直接中国に使いを送り、漢字の輸入ということになる。と同時に、中国の文化も輸入したんですね。行政法や刑罰なども、唐の制度を直訳したものを日本にそのままあてはめたわけだ。奈良時代以後、千年にわたって日本は中国さまさまになったわけだね。

森本　現代のアメリカさまさまとまったく同じだ。

大野　荻生徂徠が日本橋から品川に引っ越したとき、中国に一里近くなったと言って喜んだそうですよ（笑）。

鈴木　当時の時代精神を映すおもしろい逸話だな。

大野　中国一辺倒だったのが、江戸時代も中期から後期になると、日本固有のものは何なんだという問いが起こった。いわゆる国学ですね。本居宣長などが『古事記』を読んで、儒教と仏教を排して、日本独自の神道に回帰せよと言いだした。この国粋主義がもとになって、天皇復活が叫ばれ、その結果、徳川幕府が倒れた。ところが明治に新政府ができると、そこで権力を握った連中は、これからはヨーロッパに学ばなければだめだというんで、ドイツ語や英語を習いだした。

森本　鎖国時代は、わずか長崎という小さな窓口だけで、せいぜいオランダ語ぐらいだったでしょう。

大野　日本人は、一番古くポリネシア語、次にタミル語、次に韓国語、次に中国語と受け入れてきた。現在でも、六万語入っている字引のうち半分は漢語ですよ。それだけ中国の影響が大きかったということですね。ヨーロッパ文明が入ってきたときにも、漢字の造語能力に頼って、一度漢語に置きかえて輸入したからヨーロッパ文明をいち早く吸収できた。中間媒体としての漢字が存在しない国、たとえばフィリピン、マレーシアなどでは、こうはいかなかった。ところが、第二次大戦後、正しい情報を伝達するためには、漢字のようなむつかしい何千、何万とある文字ではすべての人に伝わらないとアメリカが言い出した。そこで、国語を外国人にいじられるのは耐えられないというので、山本有三を中心に国字改革が進められ、今日に至っているわけです。初・中等教育で漢字の字数や読み方を制限した結果、漢字本来の力がそがれてしまった。今後は新しいものが入ってきたら、みんなカタカナのままで使うようになるでしょうね。カタカナ語の使用には歯止めがきかないだろうな。

森本　大野さんが今要約してくれたように、日本語と日本文明の歴史は、現代までつながっているわけです。タミル語＝日本語説の詳細については、後日、大野さんのご著書をしっかり読んでいただくということにして……（笑）。

鈴木　この話はとりあえず、このへんで打ち止めということにしますか（笑）。ただ一つだけ言っておきたいことがあります。それは、ルビを復活しろということです。日本語で漢字を使う以上、ルビを振ることで難しい語もいつの間にか読めるようになるからです。これは日本語を勉強しようという外国人にとっては特に大切です。知らない漢字語を国語辞典で引くことができるからです。

名は体を表すか？

森本　戦後、銀座をジープが我がもの顔に走り回っているのを目にしたときには、ほんとうにびっくりしましたね。ああいうのを見せつけられると、先程、大野さんが言われたように、日本人は理屈よりも事実を尊重する民族だから、もうあきまへん、という感じなんだな（笑）。このように「もの」、いわゆるハードが先に入ってきて、あとからソフトとしての言葉がついてきた。そのとき漢字排除による造語能力の減退もあったんだろうけど、日本語に変換せずに、むこうの言葉をそのまま使った。そのほうが、何となくカッコいいように思われたんですよ。そのため最近では日本語で充分用が足りるものまで、カタカナ語を使いたがる。「需要」と言えばいいものを、新聞やテレビなどでは、やたらに「ニーズ」なんて言う。このほうが現代的だと思ってるんですよ。

大野　それもあるのかもしれないけど、言葉を置き換えることで、言葉のもつ概念も変化するのではないですか。「お世話」と「ケア」では、中身が違う。「ケア」と言うと、そこには金銭が介在するような感じがある。

森本　米語の「ケア」にも本来はカネを払わなければいけないという意味はない。それをケア・ビジネスとかいって、金銭感覚に結びつけてしまった。だから、ケアなんて言わずに従来からある「世話」という日本語のほうが、はるかに人情味があるんです。でも、「世話」では商売にならない。「世話商売」なんて日本語としておかしいからなあ。そこで「ケア・ビジネス」となったんだ。

大野　「カルテ」も日本では、病歴を書いたものしか意味しないけれど、辞書には葉書という意味なども記載されている。

森本　カードのことですからね。

大野　ポルトガル語では「カルタ」なんだけど、これも日本では遊び札の意味でしか使われないし……。おコメの語源になったタミル語の「クマイ」も、粟の語源になった「アワイ」という動詞も、英語の辞書では、「パウンド・イン・ナ・モーター」となっています。

鈴木　「臼《うす》の中で搗《つ》く」ですね。

大野　動作を表す言葉が、名詞として日本語に定着しているんです。

森本　「もの」と言葉は不即不離の関係ですからね。

鈴木　現代の日本の場合は、悪女の深情けだとは思うけれども（笑）、アメリカべったりでしょう。ということは、言葉の面でも、アメリカの影響はいかんともしがたし、英語公用語論もむべなるかなです。アメリカ文明に身も心も捧げることが、いかによくないかという、根本を直さないと、いくらカタカナ英語はよくないと言っても減らないでしょうね。

森本　そう結論は急がずに、その問題は、あとで徹底的にやりましょう。

鈴木　そうですね。

言葉のデジタル化

森本　戦後まもなくアメリカに行ったとき、「この汽車、何分ぐらい遅れているんですか?」と訊こうと思って、日本語を直訳して、「ハウ・メニー・ミニッツ・ディレイ・ディス・トレイン？」と言ってみたんです。ところが、一向に通じない。すると、隣のジェントルマンが、そういうときは、「ハウ・メニー・ミニッツ・アー・ウイ・ビハインド・ザ・スケデュール？」と言うべきだと教えてくれた。「私たちは時刻表の何分あとに現在いるのか？」というわけです。こういう発想は、日本人にはない。このように言葉は思考と密着している。各国それぞれに固有の言葉があり、その言葉に裏打ちされた発想があるんですね。もちろん日本語もそうです。そういう日本語に本来備わっている発想や思考を失い、英語独自の思考も身につかないという結果になることが、英語を公用語にしようという提言のいちばん大きな問題点だ。

鈴木　「二つの椅子に坐ろうと思う者は真ん中に落ちる」という、日本で言う「二兎を追う者は一兎も得ず」「虻蜂《あぶはち》取らず」にあたる英語の諺がありますけど、「日本語も駄目、英語も駄目」という人間になってしまっては元も子もない。そう思うんだけど、今のところ反対してみても、文部省も大方の識者、実業界やジャーナリストも賛成の方向で固まっていますからね。われわれが同盟を結んで、「英語公用語論反対委員会」でもつくればいいんだけど、それも面倒でしょう。だけど、英語を第二公用語にしようという考えがいかにバカげたものであるか、やってみれば、すぐに気がつくことですよ。

森本　思考というと小難しくなるけど、簡単に言いますと、最近、新聞やテレビで大企業の破綻などに触れて、「モラル・ハザード」という言葉を耳や目にするでしょう。「道徳の荒廃」とか「道徳の破壊」とすればいいものを、妙なカタカナ語を使う。荒廃とか破壊とかいう言葉を使うと、こりゃ、大変だということになるけど、虹でも立っているみたいな、やんわりしたわけのわかりにくい言葉を使う、こうした現象が世の中に蔓延していますね。

大野　ショックを与えたくないという配慮があるのかね？

鈴木　誰にでもわかる言葉を使ってはまずいんですよ。

森本　そういえば、この前の選挙で、誰とは言いませんが、演説の中で「モラル・ハザード」という言葉を連発していたな（笑）。

鈴木　耳に心地好いわけのわからない言葉を聞かされているうちに、国民は、知らずにデパートや建設会社などの破綻した企業の付けを払わされる羽目になり、正直者がバカを見る仕組みになっている（笑）。

森本　カタカナ語を使うことは、比喩的にいえば、言葉をデジタル化することだと思う。デジタルというのは1、0、1、0、……の信号ですべてを記号化することですよね。アナログはむしろすべてを包括的に捉える。たとえば、僕の今しているようなアナログの時計ならば、文字盤を見れば、針の形だけで時刻が直観的にわかるでしょう。ところがデジタルじゃ、そうはいかない。

鈴木　デジタル時計なら時刻が正確にわかると考えるのは、妄想ですよ。時計屋さんに行ってごらんなさい。表示されている時刻がそれぞれみんな少しずつ違うから。だから、僕は絶対にデジタル時計は買わないと堅く心に誓っているんです（笑）。

森本　カタカナ語を使うことで、言語のもっている歴史性を失う。一つの単語にも、その言葉にまつわる情緒なり価値観なりがぎっしり詰まっている。それを記号化することで、とたんに言葉のもつ重みがなくなってしまう。

大野　横断歩道の交通標識みたいに情報だけを伝える。

森本　情報という点でもあやしい。デジタル化した現代を高度な情報化社会と称しているけれども、ちゃんちゃらおかしい。アナログ志向を捨てデジタル化した社会には○か×かの情報しかないわけだから、かえって情報の貧困な社会になりつつあるのではないかと思う。一を聞いて十を知るのが、本来の言葉によるコミュニケーションのはずなのに、日本まで十を聞いて一を知る社会に変化してきている。日本人は言葉足らずだと非難されるけれども、日本人は、昔から一言で相互理解が可能なコミュニケーション・システムをもっているんですよ。

鈴木　昔、コマーシャルで「男は黙って何々ビール」というのがあったけど、べらべらしゃべるのは中身のない奴だというのが、伝統的な日本人の考え方の根にはあるからね。外国では、じっと黙っていればバカだよ（笑）。

大野　言語体系は別にして、そういう国民性の日本人に英語は馴染むのかな？

森本　どうですかね？　その結論は先延ばしにして、言葉の記号化の結果についての結論めいたものを出しておきましょう。言語のデジタル化は、人間としての思考の放棄、人間のロボット化につながる。ロボットに言葉でちょっと右へ寄ってと言っても、「ちょっと」は何センチと数値化されないから、動きようがない。人間は相手の微妙な意向を理解して動くことができる。だから、情報革命とは反人間革命であって、人間を機械にしてしまう革命なんだと、ぼくは思ってるんです。

大野　なるほど。

カタカナ語の効用？

森本　カタカナ語の氾濫による弊害については、あとでもっと議論するとして、カタカナ語化にもおもしろい現象があるんですよ。当然、カタカナ語にしたほうがいいと思われるものを、日本語のまま使っている場合。例えば、「野球」。けっして「ベースボール」とは言わないでしょう。だから、カタカナ語にするしないの基準がどこにあるのかわからない。日本人は臆病な民族だから、他人を傷つけたり、他人から何か言われるのが怖い。そこで、摩擦を避けるために、みんなにわかりにくいカタカナ語にしてしまう。例えば、「リストラ」という言葉がありますね。それを、「首切り」の代用語に使って、リストラされた、なんて言っている。
鈴木　本来の意味は違うんだけどね。
森本　「リストラクチャリング」というのは、「再構築」という意味ですけれども、最近では「リストラ」即「人員整理」みたいに使われているんですね。
鈴木　結果的にそうなりましたね。
森本　「首を切られた」と言うよりも「リストラされた」と言うほうが聞こえがいい。そういう例はずいぶんありますね。役所言葉になぜカタカナ語が多いかというと、役人は責任を取らされたり、文句を言われたくないからなんだ。例えば、「危険地図」と言えばいいものを、「ハザード・マップ」なんて言う。カタカナ語を使うことで、ショックをやわらげている。一種のクッションとして使っている。
鈴木　さっきラジオを聞いていてびっくりしたんだけど、「交通情報」のことを「トラフィック・リポート」っていうのね。なぜわざわざカタカナ語にしなければいけないのか、この辺の心理はなんなんだろう。結局、まだ外国崇拝が残っているのか……。どう思われます？
森本　英語を使うことで優越感に浸っているんでしょう（笑）。これが国際化だ、なんてね。もうどうしようもない根性だな。

鈴木　そういうことなんでしょうね。

森本　高等学校へ行ってドイツ語を習い始めると、無性にドイツ語が使いたくて、「おれはアルバイトをするんだ」なんて、得意になっていた。今じゃ、当たり前の日本語になってしまったけどね。

鈴木　食事を「エッセン」、お金がないことは「ゲル・ピン」とか。

森本　彼女のことは「メッチェン」。

鈴木　男に近い女性は、「ダス・メトヒェン」という中性ではもったいないので、男性冠詞をつけて「デル・メチ」っていうんですよ。

大野　そうそう。僕の高等学校の寮には女の人は看護婦さん一人しかいなかったんだけれど、その人のことを、われわれは「ダス」と呼んでいたな。とても女性とは認めがたいと（笑）、中性の冠詞で呼んだわけ。

森本　日本人は言葉遊びが好きなんですよ。

鈴木　そういうところがありますね。

森本　仲間内だけに通じる隠語を考えだすことも好きですね。カタカナ語にも、ある意味では隠語的要素が相当に入っているんじゃないですか。

鈴木　そうだとすると、官僚や政治家が演説などでカタカナ語を使うのはいけない、もっと一般の人にわかり易い言葉をつかわなくてはいけないという論議が、なぜ新聞を中心にしたマスコミで起きないのかが不思議なんです。

森本　それは新聞記者が自分で取材しないで、発表されたものをそのままの形で記事にするからですよ。官僚もみんなにわからないように、わざと「ケア」とか「ロード・プライシング」とか、わけのわからないことを言う。

鈴木　「ロード・プライシング」は、ひどいね。

大野　それは一体何のことですか（笑）。

鈴木　自動車が東京都内に、やたらと入ってきて困るので、関所を設けて……。

森本　カネを取ろうと。「道路有料化」と言えばいいのに、「ロード・プライシング」ですとさ。それを、何も考えない記者たちが、発表ものだから一字一句間違えないように記事にするから、やたらにカタカナ語が氾濫する。そうすると、ほとんどの読者には、ちんぷんかんぷんなわけですよ。こうした例は枚挙にいとまがない。「家庭内暴力」を「DV（ドメスティック・ヴァイオレンス）」なんて書いてある。

鈴木　あ、ほんと？

森本　それも大きな見出しとして使っている。「DV」と書いて、括弧をして「（ドメスティック・ヴァイオレンス）」と説明している。さらにもう一つ括弧をつけて「（家庭内暴力）」と二重に説明しないとわからない。何ともバカげた風景だ。

鈴木　仮名なら誰にでも読めるわけだけど、読めるってことと、わかるってことが必ずしも一致しないことに、漢字をなくしさえすれば日本語は誰にでもわかる平明なものになると考えた人々は気がつかなかったんですね。譬えで言うと、泥棒は表玄関からだけくると思って、漢字という表玄関をふさいだら、今度は読めるがわけのわからないカタカナ語が裏口からどっと入ってきたと……。

森本　カタカナ語の無制限の濫用をみていると、カタカナ語を使うことに対する快感というものが、どうやら日本人にはあるらしい。

言葉を習得する環境の喪失

大野　現代の日本ほど、企業が若者を相手に商売している国はないんじゃないかと思うんだ。

鈴木　デパートだって若者だけが対象でしょう。食べ物も若者志向。老人なんて邪魔者扱い。

大野　例えば、ゲームなんか、大人はやらないよね。

森本　結構やってますよ。最近の大人、ありゃ、大人の顔をした子供だな（笑）。

鈴木　私はコドナ（コドモ＋オトナ）って言っていますよ。

大野　テレビもガチャガチャした番組が多いでしょう。

鈴木　いい大人が見るもんじゃないですよ。

大野　コマーシャルも、ウーッとかビューとか、ガビュガビュとか、ものすごく刺激的なものを子供たちに見せておきながら、実生活では品のいい行動をしろなんて無理。なぜ心理学者は、ああいう画像の子供たちへの悪影響について一言も発言しないのか不思議だ。腰抜けなのか、悪影響を認めていないのかわからないけど、悪影響は絶対にあると思う。食事もそっちのけで、テレビに見入っている。思考力は養われないし、会話もないような状態で言葉を覚えろなんて、そんなバカなことはないよ。

鈴木　だんだん私の言いたいことに近づいてきた（笑）。現在の日本は、家庭も社会も親子関係も崩壊しているから、学問や教養を受けつけるための言語的素養が欠けているわけですよ。学校でのことばの教育は、生まれてから学校へくるまでの基本的な日常の言語生活が一応あるという前提に立って、さらにそれを磨くとか、不足している部分を補うものでしょう。

森本　本来、そうあるべきなんだ。ところが、その前段階が崩れている。

鈴木　言葉には、人間と人間の社会的な関係を調節する複雑な機能があるけれども、そうしたことを学ぶ物理的環境と時間的余裕がなくなってきたと思うんです。一家に三世代が同居していたような時代には、祖父母と両親の間で交わされる会話を聞く機会があった。また地域社会が円滑に機能していた頃は、近所の大人と接触する回数も多かった。そうした機会に敬語の使い方とか、その場にふさわしい言葉遣い、人間と人間の距離を調節する術を自然に学ぶことができた。

大野　核家族になってしまった結果、おばあちゃんが孫に昔話をしてやることもなくなったし、近所のお年寄りが子供にむかって、「そんな言葉を使うもんじゃないよ」なんて注意することもなくなったものね。

森本　最近の若い人は、先輩と付き合うのも嫌うでしょう。昔は付き合っても、あまり勉強にならないような先輩も確かにいたけれど、とにかくタダ酒だけは飲めた（笑）。それに言葉の使い方もね。

鈴木　同年齢の人たちばかりと付き合っていると、感情を抑える必要がないから、腹が立つと、一気に「バカ野郎！」ということになってしまう。そこまでいく前に、やんわり言う訓練ができていない。小学生までが携帯電話で夜中に何時間でも話している世の中ですからね。母親の社会進出が盛んになったため、子供と会話する時間が極端に少なくなったのも問題だな。保育園や託児所では、言葉のしつけはできませんね。

日本人は言葉とどうつきあってきたか

森本哲郎

サハラ砂漠の奥にある岩の台地を歩きまわっていたときのこと。同行していたラルビーというアルジェリア人の〝自称〟技師が、足どりの重くなった私の顔をのぞきこんで「ファティゲ？」ときいた。長らくフランスの植民地だったアルジェリアでは、アラビア語が公用語だが、フランス語がそれに準じている。「ファティゲ？」とは「疲れたか？」という意味である。

たしかに疲れてはいたが、だらしがないと思われるのもシャクなので、カラ元気を出して「パ・ファティゲ（疲れてないよ）」と答えた。彼は安心したように先に立って進んで行ったが、いつもおくれがちな私が気になるとみえて、やたらに「ファティゲ？」を連発した。

オアシスにもどると、好奇心の強い彼は、日本語を教えてくれ、と言いだした。まわりにいるもの、あるものを片端から指さして、日本語で何というのだ?ときくのである。

ラクダ、ロバ、ニワトリ、アリ、ヤシ、スナ、ソラ、タイヨー……、私がゆっくり発音して教えてやると、彼はちびたエンピツで手帳に、それをひとつ、ひとつ、アラビア文字で丹念に書き込んでいく。そんな名詞のいくつかを覚えたところで、日本語が話せるようになるわけでもないのに、ラルビーは熱心で、いつまでたってもやめようとはいわなかった。

「それじゃ、ファティゲというのは?」

「ファティゲか。日本語ではツカレタだよ」

「トゥカレタ? ふーん、トゥカレタか」

その翌日。彼は相変わらず私の先を歩いていたが、ときどき私が追いつくのを待って、「ナイ・トゥカレタ?」ときいた。私は思わず笑って「ナイ・ツカレタ」と答えた。フランス語の「パ(pas)」は、正確には「ヌ(ne)」と共に用いて否定をあらわすのだが、会話ではパだけですませることが多い。そのパは日本語でどう言うのかときかれ、私は「ない」だ、と教えたのである。否定は「ない」、肯定は「ある」だ、と。

ずいぶん、いい加減な教え方だが、彼はさっそく、それをフランス語の語順「パ・

ファティゲ」に従って応用したわけである。しばらく歩くと、ラルビーはまたふりかえって、こんどは「アル・トゥカレタ?」ときいた。私は意表をつかれ「ウィ、アル・ツカレタ」と答えて岩陰に腰を下ろした。そして、おなじ人間でありながら、どうして言葉の順序というものが、たがいにちがっているのだろうと、あらためて考えさせられた。

ものの名称が異なるというのは、べつに不思議なことではない。おなじ言葉を使う民族でも地域によって、ものの呼び名がちがうことは、ざらにある。

古歌にあるではないか。

草の名も所《ところ》によりて変るなり
難波《なにわ》の葦《あし》は伊勢の浜荻《はまおぎ》

だが、語順(言葉の順序)や構造(文法)が異なるということは、名称のちがいをはるかに越えて、考え方の相違を、はっきりと示している。なぜなら、どんな民族も母国語の筋道に従って思考するからだ。英語にしても、フランス語にしても、否定詞は前にくる。だから、その語順でラルビーは「ナイ・トゥカレタ?」ときいたのだ。それは彼の頭のなかで、何よりも、否定か肯定か、が、まっ先に問題になったことを意味している。

それに対して日本人は、まず「疲れる」という事態が浮かび、ついで、その事態が肯定であるか、否定であるかを問う、ということになろう。

はじめに状況ありき——これが日本人の考え方の出発点なのだ。

ところが、フランス語や英語、その他おなじような語順を持つ言葉を用いる人間は、最初に状況がどのようにあるか、を問いただす。この発想の道筋は、そのまま語順に従っているわけである。


数日後。私はふたたびオアシスにもどり、ナツメ椰子の木陰で無為の午後をすごしていた。退屈をまぎらすために、日本から持ってきた文庫本のページを繰っていると、おなじように時間を持て余していたラルビーはじめ、オアシスの住人であるトゥアレグ人の何人かの男たちが私を取り巻いた。そして、興味津々《しんしん》たる顔付きで「何を読んでいるのか」と覗き込んだ。私がめくっていたのは『芭蕉俳句集』だったのである。

そこで、「これ、日本で、いちばん有名な詩人の詩集だよ」というと、彼らはいよいよ好奇心をつのらせて、「ほう、どんな詩なのかね」と説明を求めた。

ことわっておくが、ラルビーを介して交わされた以下の会話は、じつにひどいものだった。満足に会話もできないフランス語に英語をまじえ、手振りまで加えた〝混淆《こんこう》語〟で、どうして俳句の真意などつたえられよう。だが、それでも、結構、通じたのである。私が説明したのは「古池や蛙飛《かはづとび》こむ水のをと」だった。

サハラのオアシスにも泉《ゲルタ》に蛙はいる。だから砂に指で蛙の略画を描いてみせると、みな一様にうなずいた。「その蛙が古い池《ゲルタ》に飛びこんだので水の音がした、というんだ」と教えると、みんなはだいたいわかったらしい。しかし、わかったのは蛙が池《ゲルタ》に飛びこんだという事実だけだった。なぜなら、彼らは、それで?と、つづきを催促したからだ。私が「それでおわりだ」というと、「え、それだけで詩なのか」と、ラルビーまでが怪訝《けげん》な顔でクビをひねった。私はこの句の背後にある意味など、説きようもなかった。けれど、それを説明しないかぎり、彼らにとって、芭蕉のこの有名な句は、およそ取るにも足らぬ事実を、ただ述べているにすぎない。おどろくべき事件ならともかく、小さな生物が池《ゲルタ》に飛びこんで水音を立てた、などという「事実」は、何の関心も呼ばないのである。だから彼らは、そのつづき、つまりその「叙述」の「説明」を要求したのだ。「それが、どうかしたのか」というわけである。

が、しばし沈黙のあと、ラルビーは、ハタと膝を打った。そして、私にかわって、一同に講釈し始めた。その「説明」は、大意、こうである。

——お前たち、キャラバンで荷を運んだことがあるだろう。砂漠のなかの水場に到着したとき、リーダーがどうするか考えてみろよ。まず、小石を拾って井戸へ投げこむじゃないか。そして、その音がきこえるまでの時間で深さの見当をつける。だから、水の音は、じつに大事なことを教えてくれるんだ。日本のこの詩人も、その古い泉《ゲルタ》の深さを知りたかったのさ。

私はあまりにもかけ離れた解釈にア然とするほかなかったが、それ以上に、「事実」というものをどう受けとるか、その認識の相違を痛感させられたのだった。

日本人は、何よりもまず、事実を事実としてありのままに受けとめる。そして、事実を印象に刻むが、ことさら、その意味を問いただそうとしない。むろん、各人の印象は各様であろうが、事実の解釈はめいめいの想像力に委《ゆだ》ねるのである。しかし、多くの民族、とくにヨーロッパ人は、そうしたあいまいさを、できる限り排除しようとする。だから、ある事実が提示されたとき、彼らはそれが何を意味するのか、あくまで説明を求めてやまないのだ。

旧著でも触れたが、私はヨーロッパを旅しているときにも、同様の体験をした。たまたま列車でとなりあったドイツ人の学生からハイクについてたずねられたのである。その青年の反応もラルビーたちと同様だった。私がハイクの例として芭蕉の「かれ枝《えだ》に烏《からす》のとまりたるや秋の暮《くれ》」という有名な句を紹介したところ、彼はその情景を、ただちに理解した。「秋の夕暮れ、枯木の枝に烏がとまった、というんですね」と。

だが、彼はつづけて問うた。

「それで《デン》、どうしたというんですか《ヴァス・マハト・ダス》?」

「どうもしない。ただ、それだけだよ。でも、そのような風景をながめたときの気分はわかるだろう?」

「それは、人によってちがうでしょう。この作者は、その鳥を見てどう感じたというんですか?」

「さあ、彼はそのときの気持については何も表現していないからね」

「それはおかしい。そこを表現（説明）してくれなければ、この詩人の感情は読む人につたわらないじゃありませんか。これだけでは詩として認められませんね。かんじんな点が抜けているんだから」

残念ながら私には、この句の持つ微妙な余韻、それを各人がそのまま受けとる日本人の心性について、彼を納得させるだけの語学力はなかった。

言葉というものは、自分の考えや意志、感情、その他さまざまなものごとを伝達するという機能とともに、人間の思考を構成する重要な役割を持つ。

イギリスの哲学者バートランド・ラッセルは、こう述べている。

——言語なしにも思考は存在しうるし、正しい考えとまちがった考えというものも存在しうると私は考える。しかし、それはともあれ、かなり複雑な思考は、すべて言語を必要とするということは否定できない。

（『人間の知識』鎮目恭夫訳）

たしかに、言葉なしの思考というものはありうるかもしれない。けれど、それはきわめて単純な、直観的、印象的なものにすぎず、もし、それによる思考が可能だとしても、言葉なくして内容を表現することなどできはしまい。私は人間の思考は言葉とともに始まる、と考える。人間は言語を持つことで、はじめて考えることができるようになったのだ、と。この意味で「はじめに言《ことば》があった。……言《ことば》の内に命《いのち》があった。命は人間を照らす光であった」という『聖書』の言葉（「ヨハネによる福音書」）は、まさしく言語の本質を言い当てているように思われる。

ところで——人間が何かを認識するにあたって、言葉がこれほど重要な役割を果たしているにもかかわらず、言語と思考との関係は、長年にわたって等閑に付されてきた。言葉というものの本質が哲学の重要課題となり、さかんに検討されはじめるのは、やっと二十世紀になってからである。その論議は世紀を越えて、現在もつづけられており、哲学はいまや、「言語哲学」になった観さえある。

が、それについては、ここで立ち入るまい。私が問題にしたいのは、民族によって異なる言葉が、どのような考え方をそれぞれにもたらしているか、ということである。日本人である私にとって、それは日本語が私たちの心性を、どのようにつくってきたか、を検討することにほかならない。

一万年以上も前の縄文人がどんな言葉を話していたか、などということはたどりようもないが、しだいに形成されていった日本語によって、日本人がみずからの心性を育てあげていったに違いない、と私は考える。むろん、その過程で、早くから外来語が混入したであろうことは察するに難くない。ことに弥生時代以降、その混淆がさかんになり、やがて中国から文字を受け入れることになる。それにより、外来語のなかでも漢語が日本人のものの考え方に測り知れぬ影響を及ぼしたという事実は、あらためて言うまでもあるまい。

げんに私たちが用いている日本語の語彙の五割近くを漢語が占めている。そのなかには日本でつくられたいわゆる「和製漢語」も少なくないが、抽象名詞のほとんどが漢語、それを変形させた和製漢語の類《たぐ》いである。これに他の国からの渡来語を加えれば、名詞や動詞のかなりの部分が外来語と言ってもいいだろう。

なぜ、そのようなことになったのか。それは日本語の構造が外来語を取りこむのに、たいへん便利な性格を持っているからだ。しかし、どんなに多量の語彙を外来語が占めようと、日本語の構造は変らない。構造とは言葉の骨格、すなわち語順を始めとする文法である。そして、日本人の発想、思考法を特徴づけているのは、その骨組みなのだ。これほど多くの外来語を取り入れ、最近ではカタカナ語を乱発しながら、日本人が外国語を苦手とするのは、じつをいうと、日本語の骨組みがあまりにも頑丈だからだ、と見ることもできるのではあるまいか。いくらカタカナ語が氾濫しようと、その使い方はあくまで日本流なのであり、日本語による日本固有の発想、表現は変らない。母国語というものは、それほど骨身に徹しているのだ。その限りにおいて、日本人の心性は依然として欧米はもとより、中国に対しても異質と言ってよい。さきの例でいうなら、日本人は外来の語彙を、ラルビーの「ナイ・トゥカレタ？」式に連発して得意になっているわけである。

では、日本人独特の心性、そこから生まれる直観、発想、思考様式とは、いかなるものなのだろう。

その基本的な性格として、私は日本語で重要な役割を果たしている助詞、「ハ」と「ガ」をあげたい。このふたつの助詞こそが、日本人の意識の基層をなし、ひいては日本人特有の世界像をつくりあげているように思われるからだ。

人間の考えのもとになっているのは、さまざまな判断である。どんなに複雑な論理、抽象的な思索であっても、それらはすべて単純な判断の組合わせから成っており、したがって、その簡単な判断は、あたかも物質を構成する原子のような役割を果たしている。そこで前記のラッセルは、論理的な思考の基礎をなす最も単純な判断、もうそれ以上は分解できない簡単な形の文を、「原子命題」と名づけ、すべての思考はこのような命題の「原子」から構成されている、とした。その原子命題とは、「SハPデアル」という最も単純な判断の形式である。

ところが――もし、そうだとするなら、ラッセルがそれ以上分解できないとした判断の「原子」が、日本語ではさらにふたつに分割されることになる。なぜなら、日本語ではS is Pという基本的な命題を、ふたつの形に分けることができるからだ。すなわち「SハPデアル」と「SガPデアル」とに。SだのPだのという記号のかわりに具体的な言葉を使ってみれば、それがよくわかる。たとえば、Snow is whiteという英文は「雪ハ白イ」のほかに「雪ガ白イ」とも訳せるのである。

このふた通りの日本語の表現は、一見、おなじことを言っているように思われるかもしれない。が、よく考えてみると、どこかちがっている。では、どこがちがうのか、と問われると、ほとんどの日本人は、明確に答えることができない。いや、国語学者のあいだでさえ、諸説紛々たる有様なのだ。

にもかかわらず、こうした「ハ」と「ガ」の使い分けは、日本人なら子供でもまちがえることはない。「ぼくは行かない」とは言っても、「ぼくが行かない」などとは言わないように。「東京は人口が多い」とは言うが、「東京が人口は多い」などとは、だれも口にしない。

とすれば、ラッセルが論理の「原子」とみなしたS is Pは、日本では原子のなかの陽子と電子のように、それ以上に分割できることになる。そして私たちは、このような思考の〝単位〟を無意識のうち、自在に使い分けていることになる。

たとえば、「東京が人口は多い」などという表現は通用しないけれど、「東京のほうが人口は多い」と「ほう」をつけ加えるなら、それはけっしておかしくない。そのような摩訶不思議な「ハ」と「ガ」を、どのように解し、それが日本人の意識をいかに左右しているかを解明することは、きわめて重要なことと私は考える。ラッセルのように考えるなら、日本人の論理は、日本独特の「原子命題」によって組み立てられている、と考えられるからである。

こうした「ハ」と「ガ」の微妙なちがいは、国語学者、文法学者によって、これまでさまざまに論議されてきたが、それを論理学的な見地から「日本人の思惟方法」として問題にしたのは、インド哲学者の中村元《はじめ》氏だった。私がこの難問に気付かされたのは、じつは、右の論文が収められている氏の『東洋人の思惟方法』という大著によって、であった。

そのなかで中村氏は「日本語には主語に『は』を附する場合と『が』を附する場合

とがあり、この二つを単純に論理的に区別することは困難」であるとしている。そして、このような助詞の使い分けから、日本人の考え方の特性を、つぎのように分析している。

——日本語における判断の表現方法は、客観的な対象を指示するための論理的な正確性をめざすというよりは、むしろ表現主体の微妙な気分的情緒的な心的傾向を表示する。……かかる傾向は話者（思惟主体）をして無意識のうちに非論理的ならしめる。

さらに日本人の「非論理性」は、日本語において、しばしば主語を省略することや、繋辞に当る動詞を欠いている場合の多いところからもうかがえる、と氏は指摘し、その例として「餅が食べたい」「手紙が書けない」といった表現をあげている。

判断とは、主語と述語から成る。それを端的に示しているのが、ＳハＰデアルという最も単純な形である。とすれば、その基本的な形を多様にふくむ日本語の表現は、たしかに非論理的のように見えよう。

しかし、果たしてそう言い切れるのだろうか。日本語には日本語なりの論理が秘められているのではあるまいか。それが私の疑問だった。

ついで、私の問題意識を強く呼びおこしたのは、哲学者、和辻哲郎氏の「日本語と哲学の問題」という論文（『続日本精神史研究』所収）だった。氏はそのなかで、日本語によく使われる「こと」と「もの」を取りあげ、このふたつの語が何を意味し、たがいにどのように関係し合っているのか、哲学的解明を試みているのである。

なるほど、私たちは、日常の会話においても「こと」、「もの」をひんぱんに使っている。が、さて改めて、「こと」とは何か、「もの」とはどんな意味か、と問われたら答に窮するだろう。なぜなら、このふたつの名詞は、じつにさまざまな使われ方をしているからだ。「歩くことは健康によい……」、「そんなこと言ったって……」、「ご苦労なことだね……」、いや、例をあげていけばキリがない。これまで私が書いてきた文のなかにも、どれほど「こと」が多用されていることか！

「もの」についても同様である。「世間というものは、そんな甘いものじゃない……」、「ものの本によれば……」、「ものは考えようさ……」「英語をものにするのは楽じゃない……」などといった表現に使われている「もの」とは、いったい何なのか。若い女性たちは「イヤだもん（もの）」などとも使っている。そうした「もの」と「こと」を合わせた「ものごと」という言葉もある。国語辞典を開けば、両語ともさまざまな意味や用法が説かれているが、それらを総合して、ではなぜ「こと」「もの」が、これほど多義的に用いられるのか、ということになると、それについては明らかにされていない。

和辻氏はそれを分析し、「もの」とは物質、非物質を問わず、また、存在、非存在にかかわらず、すべて「もの」ならざるものはない、という。そして、「もの」を解明する手がかりを人間の心の「志向性」に求める。「志向性」とは、心が何かをめざすことであり、それによってとらえられた対象が、すべて「もの」という言葉で表現される、というわけである。たとえば「見ること」「触れること」「思うこと」「感じること」「信ずること」……で得られた当のものが、すべて「もの」なのだ。

ここからわかるように、「もの」は「こと」にもとづいて成立する概念である。

そこで氏は「こと」を「もの」の基盤に据える。

きわめてややこしいが、氏の文章を引くと、こうだ。

――「あるもの」に於《お》いては「ものがある」のであり、ものがあるためには「あること」がすでに予想されなくてはならぬ。「あること」は「あるもの」の「あること」であると共《とも》に、またある「もの」を「ある」ものたらしめる「こと」である。かくて一般に「こと」は「もの」に属すると共《とも》に「もの」を「もの」たらしめる基礎であると云《い》ひ得るであろう。

言葉というものを言葉で論じるということが、いかに厄介なことであるか、右の文章がそれを充分に語っていまいか。だから、ことはそう簡単に運ばないのだ。

もうひとつ、和辻氏が取りあげているのは、「いうこと」という慣用語である。氏は「有《あ》ること」と、「有るということ」のちがいを問題にし、「有《あ》ること」は「或《あ》ること」でもあり、「何等か限定せられた『こと』が有ること」を意味するが、「有る」そのものを示すためには「有るということ」と言わなければならない、と指摘し、それによってはじめて限定されない一般的なものを表現し得る、と指摘する。

これをべつの言葉に置き換えてみれば、その間の事情がよくわかろう。

たとえば、「起こったことはなにか?」と問うことは、起こった当の出来事をたずねているわけであり、「起こる」という現象そのものを問うことにならない。和辻氏は「こと」が「事《こと》」と「言《こと》」の両面を持ち、「事」が具体的なもの、「言」が抽象的な意味を持つと考える。日本の「もの」や「こと」は、ことほどさようにややこしいのである。

私はこれ以上、和辻氏の分析に立ち入るつもりはない。くわしくは、当の論文を参照していただきたい。ともかく、私が日本語の性格について深く考えさせられたのは、前記、中村氏の著作と、和辻氏のこの分析によって、である。中村氏は「ハ」と「ガ」というふたつの助詞を手がかりとし、和辻氏は「もの」と「こと」というふたつの名詞から日本語の特質を検討した。
だが、両氏の問題提起は、じつは、たがいに深く関係していると私は考える。

そこで、再び、「ハ」と「ガ」にもどる。

この魔法のような助詞の微妙な使い分けについて、これまで私は大野晋氏と何度か論議を重ね、教示を乞うたのだったが、氏はそれを「既知」と「未知」というキーワードで解き明かしてくれた。つまり、相手が既《すで》に知っていることを主語（主題）とするときは「ハ」でそれを承《う》け、未だ知られていないものを冒頭に据える場合は「ガ」で承ける、というのである。そのくわしい解説は氏の『日本語の文法を考える』（一九七八年刊）、また、ベストセラーになった『日本語練習帳』（一九九九年刊、ともに岩波新書）に述べられているので、ここで紹介するまでもあるまい。だが、氏のいう「既知」、「未知」、すなわち、主語に当るものが相手に既に知られているか、いないか、ということは、その場で解釈のちがいを生じやすい。そこで氏はその「既知」、「未知」を、話者がそれを「既知」と認めて扱うか、「未知」として扱うか、それによって用法が違ってくる、と説明している。

ところで、私は氏と交わした論議のなかで、また、氏が前記の著書で「ハ」と「ガ」を解明する際に用いた「説明」と「描写」という区別こそ、すべての謎を解決するカギではないか、と気付かされた。「ハ」と「ガ」の使い分けは、「既知」、「未知」というよりも、なにかを「説明」する場合には「ハ」で承け、ただ「叙述」するときには「ガ」で承ける、と、そう解したほうがわかりやすいのではないか、と。

たとえば「彼は言った」というのと、「彼が言った」という表現は、どうちがうのか。この場合、「彼」が「既知」であるか、それとも「未知」であるのかは判別しにくい。けれど、「彼は言った」という文を、彼について説明したものと解し、「彼が言った」という命題を、ただ事実として叙述した文とみなせば、「ハ」と「ガ」の使い分けは、すっきりと理解できる。中村氏が問題にした「雪は白い」と「雪が白い」との違いも同様である。前者は雪について「説明」した言明であり、後者は、ただ、雪の白いさまを「叙述」した描写文なのである。

しかし、ここでも「説明」と「叙述」がどう異なるのか、が問題となろう。なぜなら、ある事実を叙述することは、それによって同時にその事実を「説明」したとも考えられようし、また、あるものを説明する文章は、そのものを「叙述」しているとも受取れるからである。

げんに、こうした区別はヨーロッパ語には見られない。英語では「彼は言った」も、「彼が言った」も、おなじ he said である。「雪は白い」も「雪が白い」も snow is white というひとつの表現しかない。

してみると、あることに対して「説明」するか、「叙述」するか、を区別するのは日本人特有の現実認識と考えてもいいように思う。ということは、日本人がつねに現実をそのまま、素直に受け入れるということだ。

中村氏もこうした日本的性格を強調している。氏によれば、日本人の心の底には「現象世界のうちに絶対者を認めようとする思惟方法」が働いており、そうした心性が天台学においても、禅宗の受容に際しても、強く影響して、それが日本の仏教思想を大きく特色づけているという。

その例として氏は「諸法実相《しょほうじっそう》」の日本的解釈をあげる。

「諸法実相」とは、あらゆるもの（諸法）の、ありのままの姿、真実のありよう（実相）ということなのだが、天台学ではそれを「諸法は実相なり」と解釈し、道元に至っては、さらにそれを逆転させて「実相は諸法なり」と説く。それは「現象即実在」とする日本的考え方の反映にほかならない。日本人は古来から現実の世界をたんなる現象とは見ず、そこに神、真実が宿っていると確信してきた、と氏は指摘している。

私は、ここから「ガ」の用法が生まれたのではないかと思う。

じっさい、「ガ」という日本語の助詞は、ただ現実のありようを描写するときだけに使われる。「鳥が鳴く」という表現は、鳥についての説明ではなく、鳥が鳴いているという事実をありのまま描写しているだけである。したがって、鳥がこの文章の主語なのではなく、「鳴く」までを含めた全体がある情景、状況を記述したひとまとまりの〝主語〟あるいは〝主題〟と言っていい。「ガ」はその背後に「こと」を秘めているのである。そこで何かそれについて「説明」を要求されたなら、その下に、和辻氏が問題とした「ということは」と、つづけて述語に相当するその意味を説明しなければならない。しかし、「諸法」を「実相」と受けとる日本人にとって、そうした説明はまったく不要なのだ。芭蕉は「謂應《いひおほ》せて何《なに》か有《ある》」と言った。すべてを言い切ってしまったら、あとに何が残ろうか、というのである。

と見てくると、日本人の独特な心性は、日本語の助詞「ハ」と「ガ」に集約されているようにさえ思えてくる。どんな言語にも、それなりの複雑な規則（文法）はあろうが、日本語では格ばかりではなく、主語や述語の意味や範囲までを微妙に変える助詞が、思考そのものを大きく左右しているからである。

それに加えて、日本語では判断の基本的構図である「SハPデアル」というそのS、すなわち主語までがしばしば省略される。状況や情景を切りとって、ただ叙述（描写）するだけですませることが多い。だから「スシが食べたい」「仕事が辛《つら》い」というセンテンスだけを取りあげると、「スシ」「仕事」が、あたかも主語のような位置を占めるので論理的に辻褄《つじつま》が合わなくなってしまう。この場合の主語は、「私は」「私に」

は」であり、それが省かれているのである。こうした表現の背後には、事実を述べることを重視し、説明することを「理屈」とみなして遠ざけようとする日本人の古来からの心性が脈々と生きているのだ。

日本人が理屈を好まず、説明をあまり求めないのは、この国の風土、歴史と深くかかわっている。小さな島国に一万年以上も定着しつづけ、それなりの社会生活を営んでくれば、住人同士の気ごころは充分に知り合える。だから俗にいう、ツーと言えばカーといった状況が、そのまま言葉に反映されることになる。そういう社会では、なにも、いちいち説明などしなくても、「一を聞いて十を知る」ことが可能なのだ。それが以上のような日本語の特性をつくりあげたのである。

だが、異民族の交流の激しい地域では、そんなのんきなことでは生きていけない。彼らは逆に「十を聞いて一を知る」知恵を身につけねばならぬ。それは理解力が足りないということでは、けっしてない。一を完全に知り、納得するためには、その十倍の情報を点検せねばならぬ、という慎重さを意味しているのだ。西欧の科学は、まさにその知恵の上に築かれたのである。何度も実験を重ね、やっと一つの結論に達するという科学的方法が、何よりそれを語っているではないか。

ここで私はもういちど、和辻氏が問題にした「ということ」という日本語を別の角度から考え直してみたい。

言葉というものは、思考とともに進化する。そして、思考とは具体的なものから抽象的なことへと階段をのぼるように高まっていくものだ。たとえば、「働く」という動作を「働き」という概念へ抽象化し、「寒い」という感覚を「寒さ」、「親しい」という関係を「親しみ」というふうに、日本語でも徐々に抽象化が進んでいった。ところが、その〝発育過程〟で、日本より遥かに文明の進んでいた中国から、文字とともに漢語がどっと入ってきた。その外来語が日本独自のやまと言葉の抽象化、概念化の成長を著《いちじる》しく阻害することになった。

むろん、そうした漢語にあてはまるやまと言葉がなかったということもあろうが、あっても外来語を使うほうが手っ取り早く、そのうえ威厳があるように思われて、乱用されることになった。そこで、本来のやまと言葉の概念化は漢語で代用されるようになり、あげく、抽象的な考えをあらわす言葉のほとんどが漢語という有様になってしまったのである。

だが、外来語はあくまで外来語であり、その意味を充分に汲みとることはできない。にもかかわらず、一知半解のまま使われたので、今日に至るまで抽象語はあいまいな機能しか果たせないでいる始末だ。日本語で「ということ」がさかんに使われるのは、まさに、このゆえである。〝輸入〟された漢語は、とうぜん、意味がよくわからない。

そこで、一般の人びと、いや、学者や僧侶たちでさえ「それはどういうことか？」と問わざるを得なかったにちがいない。それに対して、たとえば、「緩和」とは「ゆるめる、ということだ」と教えられ、「存在」とは「ある、ということだ」と知らされる。ここから「いうこと」という日本語はもっぱら抽象化の役割を担わされるようになった。「働く」行為そのものは「働き」という名詞で抽象化されるが、「働くということ」と言ってもいい。だから「ということ」の「こと」は、本来は「言《こと》」であり、それが「事《こと》」へと抽象化されていったのだ。

　座談のなかでも話題になったように、カタカナ語が氾濫する現在の日本の状況は、奈良朝から平安期の漢語輸入時代と少しも変わらない。このような一知半解の外来語の洪水で、日本人の思考力はどのようになってしまうのだろう。漢語とおなじようにカタカナ語を和製英語にして日本語化する可能性は充分考えられるが——いや、すでにそうなりつつある——私がいちばん憂えるのは、日本語の骨格そのものまでが崩れて、そのあげく変質した日本語が思考や感情を奇妙にゆがめてしまうのではないか、という点である。げんにその兆候が見え始めている。

　情報の世紀などと言われる二十一世紀の初頭。日本人に課せられているのは、自分たちの精神を形づくっている言葉、日本語の性格を、あらためて反省し、自覚し、的確な、そして美しい言語へと高めていくこと、それ以外にない、と私は思っている。

第三部　日本人について

アメリカの占領政策

大野　明治時代には日本人の関心はヨーロッパに向いていたはずです。そのヨーロッパというのは、英独仏の三国で、法律、医学、哲学はドイツ、文学、美術はフランスというように、それぞれに特徴のある文化をもっていた。イギリスとは行政や経済の面で接触が深かったと思う。ところが戦後、日本を占領したのはアメリカだった。アメリカはヨーロッパにプロテストした人たちによってつくられた国でしょう。だから、そこで育まれた文化はヨーロッパとは本質的に違うと思うんだ。ヨーロッパは新教にせよ旧教にせよキリスト教の文明がいつも一本の筋を通している。アメリカにも勿論キリスト教の筋はあるけれど、インディアンとかその他の多くの国々の文化が混在していてジャズを見れば分かるようにヨーロッパとは違った、渾然たるところがあって、固苦しさが目立たない。つまりそこに日本人は親しみを感じたんじゃないですか。権威で押しつけるような形で文化が流入してこなかった。そういうところから、アメリカに親愛感をもったのだろうと、僕は思いますけれどもね。

森本　昭和二十六年にマッカーサー元帥が解任されて、いよいよ日本を去る時の光景だけはいまだに忘れられないな。当時、新聞記者だった僕は、徹夜で大使館前に停めた社の車の中で待機していて、羽田までマッカーサーの乗った自動車を追走した。おどろいたことに、沿道には二重三重の人垣ができて、群集は手に手に星条旗を振っている。横断幕には「ミート・アゲイン・ジェネラル」なんて書いてあった。よく見るとみんな涙を流して泣いているんですよ。戦勝将軍を迎えるならいざ知らず、敵国で、占領軍の棟梁だった元帥が帰国するのを送って涙を流す日本人の心理って、いったい何なのか。僕にはぜんぜん理解できずに、頭を抱えてしまった。

大野　それは、ある面では、やはりアメリカの占領政策が成功したということだと思うんだけど――。占領軍というのは、だいたいもっと残虐なことをやってきたんじゃないですか。

鈴木　世界の長い歴史を見ても、アメリカの占領政策は、それまでとは違う新しい形だと思います。徹底的に日本人を壊滅させるのではなく、生殺《なまごろ》しにした。その結果、アメリカをむき出しで憎むようなことにはならなかったけど、逆に、愛国心を奮い立たせることもなかったのだと思う。占領軍がきて日本語を使ったら銃殺とか、学校では英語で授業せよとか、強制されたら、みんな地下室や倉庫で、こっそり日本語の本を読んだりしただろうと思いますね。例えば、大野先生の本なんかを……（笑）。結局、日本人が日本という国はもちろん、日本語も愛するように仕向けなかった。あの占領政策はたしかに一般人にとっては過酷じゃなかったですね。

大野　大もとは締めたけれども、庶民に対して手荒く当たることをしなかった。

鈴木　そうなんですね。

大野　アメリカの占領政策には手本があったと思うんですよ。ヒトラーがパリを占領したときに、ドイツの精鋭部隊にパリを破壊してはならないと厳命を下したらしいんだな。その命令が実行されたかどうかは知りませんが、そこにはドイツ人のフランス文化に対する尊敬の念が見てとれる。アメリカ人には日本文化という東洋の異文化に対してそれに近い気持があったのだと思う。ただ、マッカーサーと天皇が並んで写っている写真が新聞に載ったじゃないですか。あれを見ると、否応なしに、アメリカと日本の力関係を象徴していて、非常に印象深かった。

森本　そういう印象をもった国民は多かったでしょうね。マッカーサーはラフな服装で、手を腰に楽な格好で立っている。その脇で、天皇は礼服で直立不動の姿勢をとっていたでしょう。

大野　現実には、ずいぶん酷い目にあっているのに、圧倒的な力の差を見せつけられて、恨みを抱くどころの騒ぎじゃない。非常に巧妙な演出だと思いましたね。

鈴木　三月十日の東京大空襲では、十万人もの一般人が亡くなりました。非戦闘員をわざとこんなに殺すなんて、およそ人道的とは言えないのに、こだわる人が少ない。

大野　僕は鶴見の高台の家から東京大空襲の模様を一部始終見てました。だから、アメリカは相手を敵と見たら最終的にはどういうことをするか、とてつもなくひどいことを平気ですることは知っているつもりなんだけれども、あれだけのことがあっても、恨みを絶対に忘れないで報復するとか、そういうことを日本人はやらない。宵越しのカネはもたないみたいに、宵越しの恨みはもたないところが、日本人のメンタリティにはあると思う。

森本　ベトナム人は恨まないという点においては日本人以上じゃないかな。三十二年ぶりに、ハノイへ行って、ベトナムを旅して歩いたときに、それを痛感しましたね。

鈴木　三十二年前というと。

森本　ベトナム戦争の最中に、新聞記者として松本清張さんと一緒にハノイに入ったんです。日本人記者として当時の「北ベトナム」のハノイに入れたのは、僕一人だけでした。そのとき、ジョンソン大統領が北爆を一方的に停止し、次期の大統領選挙には出馬しないという声明を発表するという世界的な大ニュースが伝わってきた。これに対して現地ではどんな反響があるか、その様子を送れと本社からさかんに電報で催促してくるんだけれど、反響なんて全然ないんですよ。今回も、枯葉作戦とか、あんな酷いことをやったアメリカ人に対して、さぞかしすごい恨みをもっているものと思って行ったのですが、全然恨んでいない。アメリカ兵が残していった「USアーミー」と書いてあるステッカーを貼ったマイクロバスを平気で運転している。見かねて、僕が、「あなたたちはアメリカと戦って、あんなに犠牲者を出したのに、なぜ、こんなステッカーをフロントに貼っているんです？」と聞いたら、翌日、さすがにとったけどね（笑）。日本人もそうだけど、東洋人は宵越しの恨みをもたない民族なのかな？　それとも、勝ったという自信からなのか。

大野　中国人は違うよ。

森本　韓国人も違う。ベトナムでは、これもびっくりしたことの一つなんだけど、あのとき戦火のなかで鉄兜をかぶりながら食事をした統一ホテルを懐かしさから再訪してみたら、なんと、レストラン入口にアメリカ独立記念日セレモニー用のディナーの看板が立ててあった。ベトナム人が、何でアメリカの独立記念を祝うのか、信じられなかったな。

鈴木　宗主国がしょっちゅう代わるから、慣れているのではないですか。おそらくフランスが統治していた時代には、七月十四日にキャトーズ・ジュイエのメニューがあったんじゃないかな（笑）。

日本人のメンタリティ

大野 アメリカが好きな日本人が多い。なぜかと考えると、結局、日本人に自由を与えたからじゃないかと思う。本当の意味での自由かどうかは疑問だけど、天皇制のもとにあった上下関係の極めて厳しい、人間の個性を抹殺するような環境を排除して、個人はそれぞれに自由、平等だという考えをもたらした。その考えに日本人は同調し、与えられた自由を享受したからではないか……。

森本 確かに自由を享受したんだけど、それが生半可《なまはんか》な理解で自由を履き違える輩をたくさん生んでしまった。

鈴木 普通、戦争に負けて占領されると、抵抗運動とか、ちょっとした反乱があって然るべきですものね。アメリカ側としては、そういう懸念がもちろんあったようですよ。マッカーサーが厚木に降りて横浜から東京へ向かう際、一発でも銃声が鳴ったら即武力占領に切り替える予定だったらしい。ところが、いくら待っても弾は飛んでこないで、歓迎ムード一色でしたでしょう。あちらとしては、日本人はやはりわからないと頭を抱えたみたいなんだな（笑）。それまで日本人は最後の一人になるまで降伏しない国民だと思われていましたからね。

森本　よく言えば、潔《いさぎよ》いのかな――。

鈴木　幕末にも、イギリス艦隊にアームストロング砲の威力のすごさを見せつけられた途端、さっさと攘夷論をかなぐり捨てて、熱心な開国論者になってしまうようなね（笑）。

大野　日本人には確かにそういうところがある。

鈴木　相手がはっきり強いという証拠を目の前に突きつけられ、とてもかなわないと思うと、極端なことを言えば、一晩で面子《メンツ》にこだわらず相手を受け入れてしまう。遣隋使や遣唐使の時代には、仏教や漢字をはじめとする中国文化にいっきに傾斜した。日本のように中国、西洋、アメリカと三回も文明のパラダイム、基本的枠組みを自ら進んで変更した国はめずらしいでしょう。

森本　そうね。そう言われてみると、そんな例はとっさには思いつかない。

鈴木　ケマル・パシャ・アタチュルクがイスラム国家をフランス型のヨーロッパ国家にしようとしたトルコの例があるくらいかな。

大野　日本人には文明の模倣、取り入れについては進取の気性があるんじゃない？　それが一種の日本民族の優れた点なんだよ。

鈴木　そうなのかな？　一概にそうとも言えないんじゃない（笑）。

森本　要領がいいんですよ（笑）。それはシンがないことでもあるんじゃない？

鈴木　英語の場合でも、そうですよ。イギリス英語を気取ってしゃべっていた先生方が、一夜にしてアメリカ英語をしゃべり出すとかね。戦前、西川正身さんがアメリカ文学を研究し始めた頃には、「アメリカに文学なんてあるの？」って感じだったのが、いまではイギリス文学をはるかに凌駕してアメリカ文学全盛でしょう。

森本　いったい、日本人の変わり身の早さは何なんだろう。それがわからない。どの辺に原因があるのかな？

鈴木　前にも言ったかもしれないけど、民族には、フィクション（言説）を中心に生きる民族とファクト（事実）を重視して生きる民族と二通りの民族がいると思うんです。日本では、理屈を言うと、すぐ「屁理屈を言いやがって」と、煙たがられてしまう（笑）。例えば、ユダヤ人のように神という超越的な価値に重きを置く民族と、理屈つまり言説より目の前の事実に重きを置く民族とがあって、日本は百パーセント後者なんですよ。ユダヤ人と違って日本国の正当性を、改めてむきになって主張する必要がないんですから。日本語、日本文化を含めてね。

日本人の特質

大野　日本人は、いいものは海の外にあるものだと考えているね。

鈴木　そういう感覚を、私は「地上ユートピア主義」と呼んでいるんです。

森本　地上ユートピア？　あまり聞いたことがないな。

鈴木　そりゃ、そうでしょう。私が勝手に創案した言葉なんですから（笑）。この言葉にふくまれる概念は、どう考えても矛盾している。ユートピアという言葉は、ギリシア語の「ウー」（ない）と「トポス」（場所）を合成して出来た単語ですから、地上に絶望した人が求めた理想社会、トーマス・モアが『ユートピア』という著書で描いた、この世にはない社会のことですからね。ところが、日本人だけが、どこかの外国にこの世のユートピアがあるという、地上ユートピア主義をもつことを許された国民なんです。

大野　外国人には、日本がユートピアに見えるらしいのにね。

鈴木　外国人に対する考え方が、日本人と日本以外の国の人とでは全然違う。日本以外の国の人は、外国人が店にやってくれば、客が帰ったあとで、何か物がなくなっていないか調べるところなのに、日本人の場合は、まさか外国人がと安心しているうちに、宝石箱が紛失していたとか（笑）。

大野　素直なのか、脳天気なのか（笑）。

森本　そうかなあ。日本でも、「人を見たら泥棒と思え」って言うじゃありませんか。

鈴木　よその国では、そんなことをわざわざ事改めて言う必要もないぐらい自明のことだからですよ。親子の間でも、お互いに警戒心を捨てていない。平和条約を結んで、ニコニコと抱き合いながら、下のほうでは足で蹴り合っているとか……（笑）。

大野　やはり日本は、国まるごと他の国に乗っ取られるような辛い目に遭っていないからね。

鈴木　過酷な歴史に耐えてきた経験がなく、ほとんど単一民族だったせいで、人を信じやすい。話してみたら、あの人も結構いい人だよなんてね。

森本　外にユートピアを求める日本人の心情の向かう先が、現在のところは、アメリカ、そのために米語。そんな短絡的な考え方で日本はうまくいくのかな。だいたい日本とアメリカとでは国情がまったく違う。

鈴木　明治以来、ヨーロッパの言語は文明国の進歩した文化を日本に流し入れる導水管のような役目をしていた。もちろん翻訳を通じてですが。そういう時代には、外国語のできる人は重用され、出世の道も開かれていたと思うけれど、エリートは少数だから意味があるんであって、一億二千万人すべてが英語のエリートになれるはずがあるわけないでしょう。英語がそこそこしゃべれる、個性のない交換可能な無名のサラリーマンが一億二千万人出現するにすぎない。

森本　誰でもが言うことだけど、英語がしゃべれる、しゃべれない、が問題なのではなくて、英語で何をしゃべるか、その内容が重要なんですよ。

大野　そういう意見は、もう耳に胝《たこ》が出来るぐらい聞いているんだけどね。

鈴木　最近の日本の首相のように交換可能ではまずい。自分がやったほうがましなんじゃないかなんて思わせるようじゃね。やはり偉い人だと納得させてくれれば、黙るほかないけど。森本さんだって、おれが首相になれば、もっと日本も良くなるなんて思っているんじゃない？

森本　それほど傲慢じゃない（笑）。首相というものに対してはそれなりに評価していますよ。これまで多くの首相が英語ができなかったという点も評価しています。サミットでやくたいもないことを英語でしゃべられたら……（笑）。

鈴木　私も英文科の卒業式で講演するんですよ。「君たちが英文科を出て、英語ができないのは欣快の至りである」と。欣快なんて言ってみても、今の学生にはわからないだろうけどね。知識のない者に英語だけペラペラしゃべられては、たまらない、黙っててくれるのが最上だと（笑）。昔は英語のできる人は、本当に一握りでした。外国と関係のあるのは、銀行では横濱正金銀行、政府では外務省と海軍・陸軍の武官、商社では三井物産と三菱商事と今はないけど鈴木商店など。とにかく外国との接点が、美人のウェストのようにくびれて細い時代には、英語をあやつることができるエリートの時代だったけどね。

高度な「下士官的能力」

大野　日本語だけではなく、日本人を考える上で、日本人が感性に優れているという点は抜きにしては考えられないと思うんです。

鈴木　私もそう思いますよ。

大野　僕はそのことを、これから客観的に証明してみます。大和言葉を調べてきて、おもしろいことに気がついたんです。というのは、まず、客観的な形容の言葉はク活用といって、広ク、長ク、短ク……などがあります。ところが、嬉シク、悲シク、寂シク、侘シク……などのシク活用の形容詞は、すべて情意に関する言葉です。奈良時代から例外はすでに一割以上ありますが、日本語では、ク活用とシク活用の形容詞がおよそは分けられているんですよ。さて、話はその先なんです。シク活用の形容詞は、その後、どんどん増えてくるんです。

鈴木　そうか、生産性があるわけだ。生きているんですね。

大野　そう。新しい言い方が増えてくる。しかし、ク活用の形容詞は、古来、ほとんど増えないんです。「悲しく」は「うら悲しく」「もの悲しく」と増えるのに、「広く」はそのままなんだ。

鈴木　それはおもしろい傾向ですね。すぐ思いつく反証は、「だだっ広《ぴろ》い」ぐらいしかない。

大野　ということは、日本人はものの具体的な観察力は発達していない。その部分をもし細かく言おうとしたら、必ず漢字に頼らざるを得ない。

森本　うーん。そうかな。僕には異論がある。

大野　どうぞどうぞ。ご遠慮なく（笑）。

森本　確かに、日本人は非常に情緒的で感覚の面で傑出していると思いますよ。しかし、同時に観察力だって、かなり鋭いものがあるんじゃないですか。

大野　ほう。たとえば、どういう……。

森本　一番いい例が、俳句です。

大野　俳句は観察ですか。

森本　観察でしょう。一茶の「やれ打つな蠅が手をする足をする」なんて、じつに細かい観察だと思う。日本人は「感じる」と「見る」という、両方を働かせるかなり高度の能力をもっていた。非常にわかり易く言いますと、日本人は一を聞いて十を知る民族なんです。例えば、芭蕉の「古池や蛙飛こむ水のをと」は、表面的には蛙が池にとび込んだという、一つのことしか言っていないわけですが、日本人は、この俳句から十ぐらいの情報を得る。辺りが、静寂であることとか、この詩境は禅の悟りに通じるとか。そういう意味で、日本人は個人個人がそれぞれイマジネーションの分野で傑出していたのだと考えられる。

大野　俳句は一瞬を見るかどうかだけじゃないですか。

森本　でも、その一瞬を見るということは……。

大野　それは感じるんですよ。見るのではなくて。「見る」とは、もっと「構造的につかむ」こと、私はそう思います。

森本　いや、それはどうかな。観察しなければ、見えないと思いますがね。

大野　いまどきの学生に「世界カン」と書かせると、「観」ではなくて「感」と書くのが多い。彼らは、目を見開いて世界を見るのではなく、世界を感じているのじゃないか。うす暗くても感じることはできる。

森本　そうかなあ。鈴木先生、いかがです？

鈴木　こりゃあ、大変だ。私が行司役みたいだな（笑）。

簡単に説明しますが、日本人の言語によるコミュニケーションは高文脈型といって、見たり聞いたりしたものの極く一部だけを言語で表現し、残りは聞き手の推測にまかせるという、文脈（コンテクスト）依存性の高いタイプなのです。これに対し英語などは低文脈型と呼ばれ、できる限り多くの情況をことば化する傾向の強いものです。

その結果として英語では、ことばで表明されなかった情報は無かったこととして無視されますが、日本語ではしばしばそちらの方が重要な場合さえあるのです。

俳句などは高文脈型言語表現の典型で、見聞きしたこと感じたことの、ほんの一部だけが表現されているから、元の全体が理解できるためには、表現されなかった部分を読みとらなければならない。そのため同じような体験や見方を共有する人々の間では、この察知が可能ですが、文化や環境が全く異る人にとっては、ことば化された僅かの情報だけでは、何が何だかわからず、それでどうした、となるのです。

大野　いや、僕が言いたいのは、日本人は「感じる」ことは得意だが、「見る」ことはあまり得意ではないということ。そして、それが風土的なことから言えるのではないかということなんです。日本の自然状況というのは、微妙に変化します。朝は曇りでも、昼には晴れて、夜は冷えてくるとか。それを皆、羽織一枚で調節したりする。ですから、その微妙な変化に鈍感だと間抜けだと言われるわけですが、万事、微妙な変化に適応すれば生きていられるという国なんですよ。

鈴木　そうだと思いますね。

大野　僕の見方では、日本人は、文明が外からやって来ても、それを状況の変化として感じとるんですよ。それに適応していけばいいんですね。「この異なる文明の根本的構造はどうなっているか」と、じっと見ていかないんです。

鈴木　私も、日本人は外の世界への学習、適応が非常にうまい国民だと思う。自分自身から積極的に世界のあり方を築くというのではなく、いつも国を挙げて、外国に対応してきたのではないか。その結果、学習の効果が蓄積されて、日本は世界のトップに躍り出た。ところが、日本には、人間の進む道についての普遍的なメッセージがないんです。学ぶことしかやってきていないから。これは悲劇です。だから追い越した途端に、目標もレースの意味も見失い、挙げ句、後ろの走者に教えを請うているんですよ。「失礼ですが、ゴールはどこでしょう?」と……。

大野　軍隊でいえば、「こっちへ行け」と命令するのは、軍司令官だけど、日本人は違うんだ。日本人の持っている能力は、非常に高度な下士官能力です。忠実に命令通りに行動するだけのね。

鈴木　いやはや、先生も厳しいですね。下士官か。私は日本人には全体を見渡すことのできる司令官型の人が少なくて、命令に忠実に従う副官ばかりだと言っています。

日本人の勝負観

大野　スウェーデンとかノルウェーという国は、工業生産を増大させるとかいうことに関しては、どういう姿勢で臨んでいるんでしょうかね。

鈴木　私も専門的には知らないのですけれど、スウェーデンは帝政ロシアの時代までは、ロシアが恐怖を抱くほどの大国だったわけです。そこで、海に向かっているレニングラードにスウェーデンからの攻撃を恐れてペトロパブロフスクという要塞をつくった。ペトロパブロフスクという名前には、ペテロとパウロという二人の聖者の名前が含まれている。一人の聖者では、心許なかったんでしょうね（笑）。ロシアにとってスウェーデンがこれほどの脅威だったことは、現在のロシアとスウェーデンの関係しか知らない人には考えられないことです。他にも大ポーランドがあり、デンマークがあった。最近の例では、大英帝国がある。こうした国にもまだ過去の権益とか遺産はあるんですが、いわゆる超大国ではなくなっている。こういう歴史から考えてみても、日本は真面目に戦線縮小を考えるべき時が訪れているのではないかと思う。

森本　ところが日本人は潮時をつかまえるのが苦手なんだな。

鈴木　日本人の勝負観は、相撲型なんです。長い間のにらみ合いの末に、立ち上がった瞬間に勝負がつく。ところが、ボクシング型のアメリカなどの勝負観では、途中でダウンするようなことがあっても、最後に勝てばいい。そういう精神構造の違いがあるように思います。

大野　日本人は一回ダメージをうけると立ち上がれない。学者の世界でも、若いうちにミソをつけてしまうと、名誉回復が困難なところが日本にはあるから、論文の発表も先へ先へと遅らせるでしょう。

鈴木　アメリカでは、バカな論文を出して、そのときは嘲笑を買っても、後日、ちゃんとカムバックする。日本は減点主義で、官僚もそうだっていいますけど、一回失敗すると復権するのがむずかしい。

大野　この間、たまたま横綱の太刀山の取組をフィルムで見たんだけど、かなり長い時間、右に左に動き回って、最後に投げ飛ばした。この頃の相撲は、ごくあっさりしているね（笑）。

森本　しかも八百長とまで取沙汰されている（笑）。

大野　よくはわからないけど、八百長は昔もあったんでしょう？

鈴木　それについてはコメントは差し控えておきます（笑）。私が変なことを言い出したのがいけないのですけど、相撲の話は打ち止めにしましょう。私が言いたかったことは、戦争というのは、何度もやって勝つ時もあれば負ける時もあるという、ユーラシア的な思考は日本人に欠けているということなんです。一九五〇年にアメリカに留学したとき、ドイツからの留学生が、「この間の戦争はイタリアを同一陣営に参加させたので負けた。今度はドイツと日本とだけでやりましょう。そうすれば、きっと勝つよ」と言うんですよ。平和憲法の下で不戦を誓った日本人には、信じられない。いっぺん転んだら、もう永遠に立ち上がれないなんていう考えは、彼らには毛頭ない。強姦された処女が、男は一生ごめんだというのではなくて、今度は財布でも抜いてやろうかとか（笑）、そういう強《したた》かさが国家としての日本にも、国民としての日本人にもないですね。これまでヨーロッパ人にとっての平和というのは、国と国の間が無風状態だというのではなくて、前の戦争の疲れ休み、次の戦争の準備期間にすぎないのですよ。一触即発の緊張をはらんだ不気味な状態でした。ところが今の日本人は、もう未来永劫に戦争はないと思っている。だから平和であり続けるためには、あらゆる外圧、侵略の可能性を積極的に先手を打ってつぶしていかなくては、という考えも努力もない。平和とはそこにあるもので、努力して作りだし自分たちの意思で支えていかなければ失われるという感覚が欠如していますね。

英語といかにつきあうべきか——武器としての言葉

鈴木孝夫

はじめに

私がこの小論で述べようとすることの狙いは、これからの日本人が今や世界語とまで称せられる英語と、今後どのようにつきあっていくべきかについての私なりの考えを、これまで以上に踏込んだ新しい視点から述べることにある。

しかし私が後半で展開する主張の根拠や立脚点を充分理解して頂くためには、どうしても明治以来の日本人の英語とのかかわりについての正しい理解が、その前提となる。その意味で、歴史的な振り返りが必要なのである。

つまりこれからの日本人が習熟することを求められている英語とは、これまでの英語とどこがどう違うのか。また明治以来、教育の場で英語を学んできた目的および英語に接する私たちの態度を、今後はどう変える必要があるのか。そして現在かなりの数の有識者や経済人、政治家やジャーナリストたちが、近い将来に国民のすべてが、英語を日常的に使えるようになることが望ましいなどと主張しているが、果してこれは正しいことだろうか。

これらの点を考えるためには、日本人が初めて英語を学び始めた明治の日本が、国際的に置かれていた危機的な状況や、当時の世界における力の分布状態といった、多くの人が今英語を論ずる際に全く視野に入れない、世界史・文明史的な考察を省くことはできないと私は考えている。なぜかと言えば、現在の経済大国日本と諸外国との力関係が、当時といかに違っているかを明確に知らなければ、英語との新しいつきあいかたの、いわば軸足を決めることができないからである。

また私の知る限り、現在極めて多くの日本人が抱いている日本の歴史、殊に明治以後の国の在り方についての深い自責の念、何とも言えぬ嫌悪感（うしろめたさ）とは、実はいまの日本人自身が自分たちの国の辿ってきた苦難の道、明治以後の日本が果した世界史的な役割を全く知らされていないために生じた、事実に基づかない思い込み、いや戦後になっての思い込まされたことに殆どが起因している。

そしてこのような、自分の国に愛情も誇りももたない日本人が、これまでのようにただただ謝罪と釈明という卑屈な姿勢でこれからも世界に臨むならば、日本人の英語が上手か下手かなどという問題それ自体が消し飛んでしまうからである。

英学の目的は、日本を西洋流の文明国へと改造して、国の独立を守ること

幕末から明治初年にかけて起こった近代日本の胎動は、文明史的に見ると、世界に類を見ない実に画期的な社会変革を目指したものであった。というのもその時まで千二百年余りの長きにわたって、中華文明圏内の一国であることを自他ともに認めてきた律令国家の日本が、一気に文明の帰属を、それも自発的に西洋文明圏へと切り換える、壮大なパラダイム・シフト（基本的枠組変更）を意図したものだったからである。注(1)

世界史上、ある国、ある民族が文明の帰属変更を、外からの侵略や征服の結果として強制された例は、決して少なくないであろう。しかし明治の日本のように、たとえ強大な外圧の下ではあるにせよ、結局は自国民の意思で、しかも短時日の間に文明の帰属変更を敢行し、そして世界も驚く成功を収めた例を私は知らない。

そしてこの一大変革を達成するための最も重要な手段と目されたものが英学であった。つまり英語という鎖国時代には全く知られなかった新しい外国語を必死に学ぶことによって、当時の先進欧米諸国から優れた技術、進んだ学問、社会制度、そして風

俗習慣までを吸収消化し、世界を支配していたこれら列強との間に歴然と見られた文明の格差を急いで縮め、それによって日本の独立を守ろうとしたのである。

後になって脱亜入欧と称せられる、この日本を「西洋流の文明富強国」（福沢諭吉）とするために明治政府のとった政策には、このような言語の対外戦略が重要な柱として含まれていたのである。

しかし、明治新政府は西洋文明を取り入れる手段として、最初は英独仏の三言語による英学、独学そして仏学という三本立ての体制で、日本の近代化（西洋化）をはかるつもりだった。だが数年たらずして、これら三つもの西洋語の習得に乏しい予算と少ない人材を分散させることの非を悟った。当時世界最強の国力をもつ大英帝国の言語である英語に集中するほうが、全体として得策であることが判ったからである。

だがそうは言っても、優秀なドイツの医学や化学、そしてフランスの生理学や優れた軍事技術などの、イギリスよりも進んでいる分野を学ぶためには、ドイツ語とフランス語も全くは無視できなかった。このような事情を考慮して、結局英語を中心に置き（英学本位制）、それにこの二言語を補助的に位置づける、私の言う英独仏トロイカ制が確立したのである。

そして今から約半世紀前の一九四五年に日本が大東亜戦争に敗れるまで、日本の数少ない大学とそれに直結していた高等学校においては、外国語といえば殆ど自動的にこの三言語を指すと受け止められていたことは、日本社会の効率的な西洋化近代化のためという明確な国家目標にもとづくものだったのである。また戦後になって義務教育の一部とされた今の中等学校とは違い、明らかにエリート校の性格を持っていた旧制の中学や女学校の殆どすべてが、やはり英語を重要な必修課目として位置づけていたのもまったく同じ理由による。

近代化の進展と英語力の後退

さて明治初期の英学の実体とは何かを一言で言えば、それは海外からもたらされる洋書あるいは原書と呼ばれた英語の書物を解読して、そこに書いてある日本にはない先進国イギリスのもつ高度な技術や学問知識を学び、更には広く西洋一般の歴史、社会、法律、経済、哲学や文学などの知識までも、それらを可能な限り日本に取り入れて、日本を改造するための知的な作業であった。

そこで少数の外国人教師や技術者が、必要な分野ごとに高給をもって招かれ、大学での授業は英語の書物を使い、講義はすべて英語で行われた。しかし言うまでもないことだが、これには莫大な費用がかかるため、日本人学生の中から有能な人材が育つにつれ、また海外に留学していた者が帰国するのを待って、このお雇い外国人たちは次々とその職を解かれ、やがて日本人教師が英語の本を使って西洋のことを日本語で、日本人の学生に教えるという体制が整っていくのである。

明治四十四年に夏目漱石は『学生』という雑誌にのせた文章の中で、学生たちの英語力が以前に比べて全体として弱くなったことに触れて、しかしこのことは日本がイギリスの属国インドに見られるような、教育のすべてを英語で行わざるを得ないという屈辱的な状態から脱したために必然的に起こった現象であり、日本の独立という重要な観点に立てば、むしろ当然のこととしなければならないと述べている。

漱石がこれを書いた時期は日本が日露戦争に思わぬ大勝利を収めた僅か四、五年後のことであるから、日本の社会はさぞ、軍国主義的な熱気と興奮に包まれていたろうことは容易に想像できる。そのような国の在り方に必ずしも賛成ではなかった漱石ですら、「日本の nationality は誰が見ても大切である。英語の知識位と交換の出来る筈のものではない」(同所)と言い切っているのである。

漱石のこのような言葉を今の日本人が読むと、あの漱石でも、と多少の違和感を覚えるかも知れない。だが彼は英国留学の途中に船で立ち寄ったすべての港、いずれの国もが、西洋諸国の領土か植民地であるという、二十世紀初頭のみじめなアジア・中近東地域の実情を、目のあたりにしていたからである。

事実、漱石が英国に留学したちょうど今から百年前(一九〇〇年)には、この広い世界に、欧米諸国の息のかからない、今日的な意味での主権独立国家とよべるものは、何と僅か六つしか存在しなかったのである。それらの国々とは日本から始めて、隣の李氏朝鮮(一九一〇年には日本に併合)、シャム(今のタイ)、アフガニスタン、小さくなったオスマン・トルコ、そしてアフリカでは、エチオピアただの一国だけであった。注(2)

当時のアフリカ大陸はイギリス、フランス、オランダ、スペイン、ポルトガル、ベルギー、ドイツそしてイタリアといった十指に満たないヨーロッパ諸国によって、細かく分断され植民地あるいは保護国とされていたのである。

世界を変えるのに貢献した日本の台頭

ところがヨーロッパを主戦場とした第二次世界大戦、そしてアジアでの大東亜戦争が相次いで終結した一九四五年直後から、世界中で独立国ラッシュが起こる。独立国が僅か一つだったアフリカ大陸には五十三もの主権国家が次々と誕生した。そしてこれも殆どが欧米諸国の植民地か保護領であった中近東、アジア・太平洋地域からも、長きは四百年にもわたった欧米諸国の支配が遂に消滅したのである。

ところがこの全世界的な植民地独立の直接のきっかけとなったものが、皮肉なことに日本とドイツ(そしてイタリア)がほぼ同時に戦った、これらの、資源と市場獲得を目ざしての世界規模の戦争だったということは指摘しておく必要がある。たしかに、戦争それ自体は両国の完敗に終わりはしたが、これによって西欧列強は国力を著しく消耗し、結果として不本意ながらも、ほとんどの植民地を放棄せざるを得ない立場に追い込まれてしまったからである。

またこの点に関して、更に特筆大書しなければならないことは、かつて日露戦争で当時欧州最大の軍事大国であったロシアを、アジアの小さな新興国家日本が打ち破り、そして再び大東亜戦争の緒戦において、イギリス、アメリカ、オランダといった国々を相手に華々しい戦果をあげたという事実が、白人諸国による支配を「永遠に続く宿命と受け止めていた」（マハティール）アジア、アフリカの諸民族の心に、日本がやったのだ、同じ非白人の自分たちにも出来ない筈はないという、明るい希望の火を灯したことである。

日本の無力化計画

さて、一九四五年に米国を主とする連合国との戦いに敗れた日本は、史上初めて外国の軍隊に占領され、独立主権国家としての日本は消滅し、連合国の占領地（occupied Japan）へと転落してしまった。この状態は一九五一年のサンフランシスコ講和条約で、日本が再び主権を回復するまで、六年余り続くことになる。

この比較的短い占領期間中に、アメリカは驚くほどの早さで、あらゆる日本の制度や社会のしくみを、日本が二度とアメリカに刃向かう軍事大国となることのないようにとの基本方針（日本の永久農業国化）の下に、次々と改造していったのである。

まだ敗戦直後の混乱の収まる気配すらなく、全国の都市の殆どが焼け野原のままで、食料や住宅をはじめとするあらゆる物資、そしてガス、電気、水道もろくにない終戦の翌年一九四六年には、早くも新憲法が制定され、そしてその次の年には教育基本法が施行されている。

これだけを見ても判るように、現在の日本人の生活や考え方を、根本的に規定し、それなりに定着してしまった国家の重要な制度的理念的基盤は、実にこの敗戦直後の混乱期の最中、しかも日本が国家主権をもたない占領地であったときに、戦争の勝者である米国のあらがい難い強力な指導の下に、彼等に都合のよい方向で固められたのである。

日本人がこの歴史上初めて経験する敗戦占領といった非常事態を迎えて、どれほど茫然自失の状態にあったかを示す、言語の分野に関係のある例を示すと、かの文豪志賀直哉が、日本語という劣った不完全な言語のせいで、日本人は馬鹿な戦争を起こし、そして負けたのだから、この際ひと思いに日本語を捨てて、フランス語を国語として採用すべきだなどと、敗戦の翌年に大真面目で提案したことなどがまさにそれである。
また、一九四七年、文部省が前年に急遽来日したアメリカ教育使節団の強力に勧めた日本語のローマ字化を支持し、「民主主義社会の建設に阻害要因となる遅れた非能率極まる漢字」を、早急に全廃することを前提とした一八五〇字の当用漢字表を法律化して、これを国民に強制したことも、日本人の多くが敗戦によって自分たちの文化に自信を失い、精神的な錯乱混迷の状態にあったことの一つの証左とすることができる。

そして日本人の大東亜戦争に対するそれまでの見方を一八〇度転換させ、自国の歴史とそれまでの国の在り方に、極度の嫌悪感を抱かせ、日本人の自信喪失を深めさせることに大きな力を発揮したのが、NHKの放送であった。

占領軍総司令部の厳重な検閲監督の下に置かれた、この日本唯一の放送局（まだ民放はなく、もちろんテレビも存在しなかった）は、あらゆる機会を捉えて、戦時中に日本軍が行った（とされる）残虐行為や非道な仕打ちの数々を、日々国民に伝える役目を負わされていた。

とりわけ終戦の年の十二月から翌二月にわたって、週一回放送された「眞相はこうだ!!」という題名の、日本人を洗脳する目的で作られた特別番組では、いかに日本の起こしたこの戦争が、正義と人道にもとる許し難きものであったかを、集中的に繰り返したのである。

かの宣伝上手であったドイツの独裁者ヒトラーの口癖だと言われる「嘘も百遍言えば真実になる」をまさに地で行く徹底した洗脳教育であった。思えば戦時中に日本政府が、この戦争の公式名称として、「大東亜戦争」という呼び名を正式決定していたのに、これではいかにもこの戦争が、日本の主張したアジア諸地域から欧米勢力を追放するための植民地解放戦争の意味合いが残ってしまうという理由で、占領軍総司令部が単に米国から見た主戦場が太平洋地域だったことを示す「太平洋戦争」と呼ぶことを日本側に命じたのも、この時期（一九四五年十二月十五日）だった。

私はこの太平洋戦争という名称は、第一、日本政府が一度も正式に決定したものではなく、その上、日本が大変な無理をして遥か彼方のビルマ（今のミャンマー）までインドの独立を支援する軍隊を送り、そして悲惨な結末を迎えたなどという史実を全く反映していない不適切なものであるという理由で、決して使わないことにしている。

さてここまで読み進まれた読者の中には、肝心の英語の話ではなく、長々と戦中戦後のいきさつを聞かされるのはおかしいと感じはじめられた方があると思う。しかし半世紀前の大東亜戦争のこと、そして敗戦直後のどさくさまぎれに、勝者であったアメリカが計画的に実行したWar Guilt Information Program（日本人がいかに理不尽な戦争を行ったのかを、日本人に自覚させ、罪の深さを悟らせる計画）注(3)の名で呼ばれた宣伝洗脳教育の恐ろしさを、いま改めて私たちが知らなければ、現在の日本人の大半がもっているおよそ事実に即さない歪んだ自国の歴史認識、その結果として生じた深い自己嫌悪と自信喪失のトラウマ状態から永久に脱出できないと私は思うからである。このような、自分が生を享《う》けた国に誇りも愛情をも持つことができず、祖先、先人の苦労も歴史も知らずに、ただ悪しざまに罵るような日本人がいま一体英語を何のために学ぼうとするのか、私はそれこそまさに空中楼閣、砂の上に城を建てるに等しい愚行だと考えるからである。

主権国家という政治組織は好むと好まざるとにかかわらず、今も世界中に厳然として存在し、誰もが何かしらの国家の庇護の下でなければ、自分の生活、身の安全すらも保障されないということは否定できない冷厳な事実である。ところが日本では、国家というものをあたかも旧い過去のいまわしき遺制と考え、国家主権とか国益といった言葉は口にするのも忌まわしいとすることが、あたかも進歩した人間のとるべき態度であるかのような言論が、堂々とまかり通っている。このような状態は、日本の永久無力化を狙った人々にとっては、まさに笑いが止まらない、予想を遥かに越えた大成功と言うべきなのであろう。

崩壊する日本の社会

かつてロシアに、貧困こそが諸悪の根源であると真面目に説いた著名な革命家がいた。すべての人がひとしく豊かになりさえすれば、社会の不条理、不平等は一切なくなり、誰もが幸福になる筈だと。ところが、世界に先駆けていち早く貧困退治に成功し、どの国よりも平等で豊かな社会を実現した私たちの日本、食の質さえ問わなければすべての人が文字通りの飢えからは解放され、世界一物質的に贅沢な長寿社会を迎えた私たちの国は、何とも皮肉なことに今、目を覆うばかりの人間崩壊に見舞われている。

一昔前の貧しかった日本では考えることさえできなかった、親殺し子殺しは珍しくなくなり、僅かの遊ぶ金欲しさに凶悪な犯罪に走る者が続出し、小中学校では授業がまともにできない学級崩壊が日々増加している。

やはり個人としての人間は、日々の食を得ることが容易でなく、まっとうな仕事につかなければ生きていかれないという厳しい環境に置かれて初めて、苦難に耐え、真剣に地道な努力を重ねる生き物であるようだ。そしてその結果、身も心もひきしまり、家族は互いに協力し、職場や社会の秩序も保たれる。どうも目的を失った過剰な豊かさは、人間を駄目にするようだ。

国家のレベルで言えば、外からの攻撃にさらされ、独立がおびやかされるような場合、官民一致し心を合わせて苦境を乗り切ろうとする。ところが今、日本では警察、外務省などの乱脈腐敗を初めとして、あらゆる官庁公的機関が深刻な問題を露呈し、民間でも放射能事故、一流自動車会社の悪質なクレーム隠し、業界トップに位置する製乳会社の杜撰な原料製品の管理事故など、それこそ常識では考えられない事件が、連日のように報道されるようになった。

誰の目にも日本という国のタガが緩みだしたことは明白である。その原因の大きなものは日本人の意識から国家という人々をまとめるよりどころ、枠組が消えてしまったからだ。

考えてみると、日本は明治開国以来、いや古くは遣隋、遣唐使の時代から、その時の文明の中心であり覇権の座にあった先進国を目標と定め、何とか独立を守りながら、先進国のもつ高度な文明を国内に取り入れることで、自らも富強国となる道を進んできた。

今、評判の極めて悪い大東亜戦争も、その本質は既に日本よりも一足先に全世界を手中に納めていた一握りの欧米列強が、新興日本の拡大膨張によって彼等の作った世界秩序、彼等の既得権益が脅かされたためにおこった衝突に他ならない。

別に日本が起こした戦争だけが、特に正義にもとるとか人道上許せないなどという、特殊な性格をもっていたわけではないのである。

ところが歴史を見ても戦いに勝利を収めた方が、敗れた国を悪しざまに言うことは、洋の東西を問わず必ず見られることだが、通常の国ならばたとえ敗けても、なおかついろいろと自己弁護に努め、勝者の無理な要求を拒否したり、可能な限り値切ったりするのが普通である。

例えば、日本と同じく近代国家としての統一が遅れ、植民地獲得競争に出遅れたドイツは、第二次大戦で完膚なきまでに連合国に叩かれた後でも、新憲法（西ドイツの場合は基本法）だけは戦勝国の干渉を退けて、完全に自前のものを作っている。

それなのになぜ日本だけは勝者の言いなりになって、ひたすら平身低頭、ご無理ごもっともの姿勢を一貫して取りつづけるのだろうか。

その理由はいろいろと考えられると思う。抗弁し悪あがきをするのは潔くない、強い者に反論する文化習慣が欠如している、伝統的に外国人に弱い、そもそも議論で物事の是非を決める伝統がない、等々。

しかし私の見るところ最大の理由は、日本民族が世界で例外的に喧嘩慣れ、戦争慣れしていない孤立民族であったために、負け方も、負けた後にとるべき行動についても、経験と知恵をまったく欠いていたことにある。このあまり一般的とも思えない結論にどうして私が到達したのかを、次に述べることにする。

日本の対外接触と直接対決の驚くべき欠如

前にも述べたように、現在の日本人の中には、残念なことに欧米人や近隣諸国の政治家などが機会あるごとに口にする、日本は非常に好戦的侵略的な歴史をもった国であるとか、日本人は人道上許すことのできない非道な行為を、平気で行った民族だなどという非難攻撃を、まともに信じている人が少なくないようだ。

ところがこのような人々に向かって、あなたはどうしてそう思うのか、日本民族の過去の歴史を広い世界史の背景に置いた上で、果してそのような決めつけをすることが出来るのかと訊ねてみると、殆どの場合まともな返事を貰ったためしがない。

どうも多くの日本人は、物事すべてについて言えることであるが、このような自分たちにとって非常に大切な問題に関しても、自分で直接体験したり詳しく調べたわけでもないのに、ただ耳にした他人の話や意見を鸚鵡返しに繰り返しているに過ぎないようだ。

ところが事実は正反対なのである。

千数百年あまりもある日本の歴史を改めて振り返ってみて、日本が外の世界に対して、進んで積極的に戦争や侵略の形で関与した時期が、驚くほど短いことに気づいた人があるだろうか。

まだ日本が現代的な意味での国家の態を十分なしていたとは考えられない古墳時代を別とすれば、歴史上日本が最初に積極的な対外関与を行ったのは、七世紀後半（六六〇年）に、隣国百済《くだら》の求めに応じて朝鮮半島に出兵し、六六三年白村江の戦いで新羅《しらぎ》と唐の連合軍に大敗したことである。

次は何と九百年以上の空白の後、十六世紀末に豊臣秀吉が行った二度にわたる大規模な朝鮮侵略であった。ところがその直後に日本は鎖国体制に入って、十九世紀の中葉までの約二世紀半もの間、再び外部との交渉を絶ってしまう。

日本が次に外国に対して積極的対決的な行動に出るのは、十九世紀末の日清戦争から日露戦争を経て大東亜戦争の終結に至る、ちょうど五十年の期間であった。

このように見てくると、日本民族はその千五百年余りの歴史において、外の世界に対して直接の対決姿勢に出たのは、全歴史の僅か二十五分の一足らずの約六十年にすぎないことになる。これだけのことを以てしても、日本人が民族としてもともと好戦的だとか、侵略を常としたなどという非難は、日本から被害を被った国々の人の感情的な言いぐさであって、客観的な事実ではないことが判る。

ところが世界史年表などで、ユーラシア大陸諸民族の歴史を覗いてみると、どの民族もどの国も紀元前からのべつ幕なしに、戦乱につぐ戦乱に明け暮れていたことが判って驚く。ここでの歴史とは、民族が故地を追われて流離滅亡し、王朝は盛衰興亡を繰り返し、宗教上の迫害、虐殺、そして略奪が横行するおぞましい限りのドラマの連続なのである。

しかしこのことは考えてみれば無理もないことで、多くの異民族が入り混じり、国と国が国境を接しているユーラシア大陸では、ある民族が日本のように九百年はおろか、百年ですら他国と無関係に平穏無事の泰平の夢をむさぼることができなかったのは当然である。

かつて歴史学者の鯖田豊之氏がその著書『戦争と人間の風土』（新潮選書、一九六七年刊）の中で、日本人は古くから、平和こそが社会の常態で、戦乱戦争はむしろ異常事態だとする感覚をもって来たが、外国ではそれがむしろ反対で、戦乱こそが人の世の常態であり、平和は戦争と戦争の間の、束の間の例外的な期間であった旨を述べられたことがある。

しかし日本のこの恵まれた歴史は、決して日本民族の優秀性とか知恵の結果生み出されたものではなく、日本という国の置かれた地理的地政学的な条件によるものであることは言うまでもない。大陸との距離が外敵の侵略を難しくし、大規模での異民族の流入をも阻む荒海に囲まれていたという隔離性の故に、大陸で次々と演じられた血みどろの抗争に殆ど巻き込まれることのない、いわば世界史の局外者であり続けられたのである。

しかもこの隔離性が太平洋の島々、例えばハワイのような極端なものではなく、難破を覚悟の遣唐船や、命を賭しての冒険心に富む商人たちが行った、何年に一度かの交易や交流は可能であるという性質のものだった。

つまり大陸と日本との間には、私が半透膜効果と名付けた、侵略などによって日本にとって望ましくないものは入ってこないが、遅れた日本が欲しいもの好ましいもの、つまり大陸の高度の文化、優れた文物は何とか流入してくるという、大変に都合のよい現象が見られたのである。

このために日本人は外来の文化を自分たちの好みに合うものだけを選んで、それを換骨奪胎して極めて独特な文化を作り上げ、同時に極めて特異な外国人観そして外国語観をもつようになったわけである。

異民族や外国人に何度もひどい目に遭わされた経験をもつ人間は、本能的に他所者に対して恐れ、憎しみ、警戒そして不信の念を抱くようになる。ゼノフォビア（外国人恐怖、不信症）はユーラシアの民族すべてが強くもっている自己防衛本能とでも言うべきものなのである。このことを裏返して言うならば、外国に対しては間違っても弱味を見せてはいけない、うっかりすると騙されつけ入られて、ひどい目に遭うだけだ。常に正しいのは自分たちであり、素晴らしいのは自分の国なのだという、極端なまでの自己中心、自己讃美の精神構造である。だから何事があっても自分たちの非を認めたり謝罪などしないのである。中国しかり、アメリカしかり、そしてフランスまたしかりである。

ところが伝統的な（ということは戦時中といった異常事態は別として）日本人の対外観はこれとはまさに対蹠的、正反対である。外国は日本より進んでいる、外国人は素晴らしいと手放しで褒めるだけではなく、日本は悪い、駄目だと外国人に向かって平気で公言することを憚らない、世界に類を見ない他者中心になっている。

その理由は既に述べたように、長い民族の歴史において、他国によって嫌な目、ひどい目に遭わされた経験が殆どなく、むしろ外国とは常に日本にはない優れた文物をもたらす、羨ましい国、憧れの地であり得たからである。

だから日本人にはこれまで、自分たちこそが世界の中心だ、日本が物事すべての善し悪し、人間の正しい生き方あり方を決め、他国はそれに従うべきであるという意識、世界観が完全に欠けている。この意味で日本は典型的な周辺文明の国、つまり外国はまるで太陽のように、日本に熱と光を与えてくれる有難き存在であって、日本は恭しくそのお恵みを頂きながら成長する月だったと言えよう。

他律型文明から自律型への変貌

このような他者依存、他者追随の精神構造をもった日本が、驚くなかれ一九六〇年代の中頃、具体的に言えば一九六四年の東京オリンピックの前後に、先進国に追いつくという建国以来の悲願を成就してしまったのである。

だが日本の経済大国への発展は、言うまでもなく日本の力、日本人の努力だけで達成されたわけではない。簡単に言えば日本がまだ米国によって占領されている一九五〇年に、突如として起こった朝鮮戦争、そしてこれをきっかけとして始まった東西両陣営の対立、いわゆる冷戦のおかげ、賜物と言ってよい。

この世界情勢の急変によって、アメリカは初期の日本に対する永久農業国化の方針を変更せざるを得なくなり、太平洋における西側世界の防波堤として、日本の再工業化そして一定の条件の下での再軍備すら視野に置くという一八〇度の態度変換を示したからである。

そこで日本は長年蓄積した技術力と優秀な人的資源を活用して、遂には世界最高水準のあらゆる種類の工業製品を世界中に輸出する経済超大国への階段を昇りつめることになった。千数百年もの間、他律型文明の国、月としての日本が、遂に小型ではあるが世界に熱と光を与える自律型の国、太陽の一つとなったのである。

なぜ英語教育は空洞化したのか

ところが日本が産業、経済、社会制度の殆どすべてにおいて、西欧先進国に追いつき、それどころか八〇年代には小型自動車の分野のように、部分的ではあるが目標のアメリカを追い越したことで、思わぬ悲劇に日本は見舞われることになった。

それは先進国に追いつき、追い越すことだけを長年の国家目標としてきた日本は、追い越した途端に目標が視界から消え失せ、迷走を始めたからである。レースの先頭走者の背中が目標だった日本は、自分が先頭に躍り出た途端に、どこに向かって走ればよいのか判らなくなってしまったのである。つまり技術や経済の面では押しも押されぬ自律型の国家となり、かつての先生格であった諸外国と対等の競争者となってしまったにもかかわらず、精神面では依然として他国に範を求める他律型のままであるために、国家の性格が分裂し腰が定まらない状態にある。

先に述べた日本社会の混乱、人間的な崩壊現象は、このように国家が進むべき道を見失ったことに起因している。日本をこれまで支えてきた柱がなくなり、代わりの新しい柱がないとなれば、日本という建物が崩れだすのは当然である。

英語教育も例外ではなかった。先進国との落差を縮め、そして日本の独立を守るという初期の目標が達成されてしまうと、もともとすべてがそのために必要な情報や技術を英語を通して輸入し、それを国内で消化吸収するという目的に向かって構築されていた英語教育は、その意味での必然性、存在理由を失ってしまった。そこで内部の空洞化が進行し、ただ形骸だけがずるずると残り続けているのである。

更に悪いことは、日本が豊かになったために、中学、高校は言うまでもなく、大学までが大衆化して、この脱け殻状態の英語教育の規模だけが、全国民レベルに拡大拡散してしまったことである。

今、日本で英語は、殆どの場合ただ学校の科目にあるから、入学試験で要求されるからといった、学ぶ者にはっきりした目的意識がなく、何のために必要かという国家的目標も定まらないまま、何となくお茶を濁す形で学ばれている。これでは何年やっても出来るようになる筈がないのは当然であろう。

私はこのような分析の結果、これまで次のような提案を各所で行ってきた（『日本人はなぜ英語ができないか』岩波新書、一九九九年刊、および『英語はいらない!?』ＰＨＰ新書、二〇〇一年刊など参照）。

新しい英語教育の目標とそのあり方

（ⅰ）公的な性格をもった英語教育の目的を、重点的に日本からの言語情報の輸出発信に絞る必要がある。受信から発信への方向転換である。

Ｇ８やサミットの構成を見ても判るように、日本は先進国中現在唯一の非白人国、非キリスト教国、そして言語的にも非西洋語である日本語を使用する国である。しかもこの日本語の国際普及度が極度に低いために、世界的な影響力をもつ大国日本の実情、日本人の考えや意見は殆ど世界に知られることがない。その上、日本は伝統的に外国を学ぶことだけに努めてきたため、その結果、日本と諸外国との間の言語情報交流は今でも極度に入超、発信不足のままであり、このことが国際的に日本の存在を危ういものとしている。

そこでこれまでの輸入受信型の英語教育を、日本からの情報の輸出発信の手段として見直し、そのため教科内容の一切を日本に関した事柄、つまりさきに述べたような日本の歴史、現在の社会日常生活、文学なども含む文化全般にする。このことによって日本人は自分の考え、日本の近代史や特徴のある文化を英語で表現できるようになり、この英語という現在最も国際流通性の高い言語を通して、これまで情報不足の閉された国、未知の国であった日本を、広く世界に知らせることが可能となる。つまり日本はこのように自己情報の国際的な開示によって、国の安全を守り、積極的に国益を主張して行くべきである。

(ii) 一部で提唱されているような、国民全部の英語力を高めることよりも、遥かに緊急を要する対策は、現在(および近い将来)外国に対して日本を代表する仕事に就いている(か、これから就こうとする)人々、たとえば政治家、外交官、学者、研究者、財界人、経済人、ジャーナリストなどの英語力を急速に改善するための方策を考えることである。

最近日本の存在が国際交渉や外交面で、これらの人々の英語力不足のために希薄となっていることが、各方面で指摘されている。もしそれが事実なら、万難を排してこれらの人々に英語の再教育を早急にほどこし、特訓をすべきである。国民全般の英語力を高めるなどということは、「百年河清を待つ」に等しいことで、しかも好結果を生むという保証はないのだから、誰が見ても英語が必要である人々を対象とする限定特訓教育をすぐにも始めるべきだと思う。

このような私の考えに対して、それはエリート教育につながる危険なものだという反対が、いろいろな人から出されている。しかし日本が超大国として世界を相手に生き抜くためには、誰が見ても唯《ただ》の人ではないエリートが絶対に必要である。

選りすぐられた筋金入りの他国の代表や政治家と対等に渡り合うとき、今のように庶民に毛の生えた程度の外交官や政治家では勝負にならないことは、誰の目にも明らかである。

私がエリート育成の必要を説くとき、よく例に挙げるものは、野球の選手養成法である。最近アメリカの大リーグで華々しい活躍を見せてくれる日本人選手の殆どは、知ってのとおり日本のプロ野球のエリート中のエリートである。

そしてそのプロ野球の選手とは、中学、高校（大学）を通じて、才能のある者だけが選ばれ、特別なコーチの下で特訓に特訓を重ね、本人の努力はもちろん、周囲からも大変な有形無形の援助を受けてはじめて誕生する。

もし学校で野球の好きな子供や生徒のすべてを、不公平がないようにと平等に扱い、代表選手を選ぶ際はくじ引きで決めるとか、輪番制で行うといったしくみを採用したら、大リーグの選手はおろか、いまの高校野球の選手程度の者も生まれてはこないだろう。

このように直接国家の命運を担うわけでもない野球の選手養成にさえ行われている

エリート選抜方式を、どうして日本を代表して国家の主権を守り、国益をはかる大任を担う人々の養成に適用してはいけないと言うのだろうか。

国家にとって最も重要で肝心なところに真のエリートを育てず、大したことでもないこと、本来好きな人が勝手に自前でやればよい分野で、公然とエリート選抜特訓方式が行われている日本は、どう見てもおかしな国だと言わざるを得ない。その理由は人々の視野、関心から国家が消えてしまっているからだと思う。

(iii) 今、日本人が必要とする「英語」は英米人の言語としての英語ではないことを認識する必要がある。

明治以来、日本の国際化が本格化する一九七〇、八〇年代までの英語とは、大筋において英米人の母語としての英語、英米の文化、社会、歴史を背景にもった民族語であると考えられていた。

しかし現在ではこの英語が世界中に拡がり、いまでは本来の英語国民よりも、非英語国民で英語を使う人間の数の方が遥かに多くなっている。つまり英語の脱英米化、国際化が急激に起こったのである。

見方を変えれば、英語という言語は世界中に広まったために、その所有権は英米人の独占所有でなくなり、世界中の人々が所有権を分有する、一種の世界共通財となってしまったと考えるべきなのである。

かつての英語は日本人にとっては文字通りの外国語であり、英米人は私たちの先生だった。しかしいま英語を国際語として認めるならば、この師弟関係は消滅して、国際英語は日本人にとって外国語ではなくなり、日本人も所有権を持つ自分たちの道具、情報発信のための一手段にすぎなくなる。

このような変化をうまく捉えた茂木《もてき》弘道《ひろみち》氏は、従来の英語を縦英語と呼び、いま大多数の日本人に必要な英語を横英語と名付けている。注(4)日本人と世界の多様な人々との相互情報交換を主たる目的として学ばれる英語とは、まさに横英語と称するにふさわしいものだからである。

このように考えてくると、現在日本政府が毎年巨費を投じて中高生の英語力を高める目的で、英米人を主とするいわゆるネイティブ・スピーカーを五千人以上も日本に招聘していることが、いかに見当違いであるかが理解できよう。

文部科学省などがいつも強調する、英語を学ぶことを通して国際理解の促進をはかるという目的のためには、外国人英語教師はむしろ非英語国の、それも白人ではない人々を招くべきなのである。たとえば韓国や中国、そしてインド、パキスタン、フィリピン、マレーシア、更にはケニヤなどのアフリカ諸国出身の英語教師が、多種多様のクセのある民族色の濃い英語を堂々と話すことを生徒たちが身をもって体験し、併せて欧米以外にも豊かで多様な文化や宗教のあることを実感することこそ、いま日本人に必要な真の国際理解なのである。

このような英語の国際化に対応する日本人の意識改革を進めることが、ここで詳しく述べる余裕はないが、とかく外国語にコンプレックスを持ちがちな日本人の英語学習を心理的に楽なものとし、日本人の英語力、特に国際交渉力、英語による防衛攻撃力を高めることに非常に役立つのである。何しろ、今、日本人にとって英語とは、国を守り国益を擁護するための唯一の武器なのだから。

注(1) 現在でも日本と韓国や中国との関係が何となくすっきりしないのは、中国や韓国はまだ華夷制度的な古い発想から脱け切れず、日本が勝手に中華文明圏を抜け出し別の文明圏に入ったことを充分に理解していないことが原因の一つである。

注(2) リベリアは独立国とはいってもアメリカとの結びつきが強かったので、数に入れなかった。

注(3) War Guilt Information Program に関しては江藤淳『閉された言語空間　占領軍の検閲と戦

後日本』（文春文庫、一九九四年刊）の第五章以下にかなり詳しい解説がある。

注(4) 茂木弘道『小学校に英語は必要ない。』（講談社、二〇〇一年刊）。

第四部　英語第二公用語論について

母国語は単なる道具ではない

鈴木　故・小渕恵三首相の私的諮問機関「21世紀日本の構想」懇談会が二〇〇〇年一月に提出した「英語第二公用語論」については、どう思われます？

大野　『日本のフロンティアは日本の中にある』という報告書ですね。（英語を）第二公用語にはしないまでも第二の実用語の地位を与えて、日常的に併用すべきであると書かれている。

森本　僕は、この報告書を読んでいて、実に腹が立った。なぜ「日本には開拓すべき分野がまだたくさんある」と、だれもが一読してすぐ理解できる文章じゃいけないのか。「グローバル・リテラシー」だの「ガバナンス」だの、やたらにカタカナばかりの文章もひどい。まず第一に、「フロンティア」というのは、西部に未開の地があった西部開拓時代のアメリカにとってこそ、歴史的に意味を持つ言葉でしょう。このタイトルからして、この報告書がいかにアメリカ的幻想から生まれたものであるかが、よくわかる。だから、タイトルそのものが、ということは主題自体がバカげているということですよ。

大野 僕にもわからない。そもそも言語表現は大前提として、こう言ったら相手に通じるかな、どうかな、ということを考えながら言わなければならない。自分のことで申し訳ないけれど、『日本語練習帳』を書くときは、誰にでも理解できるように、徹底して文章を直しました。書いたものを学習院の卒業生に読んでもらって、わかりにくいところや、説明が不十分だという箇所は六回ぐらい書き直して、ゲラも四校までとりました。その本のなかでも書きましたけど、自分が表現したことが相手に通じないのは、相手が悪いのではなくて、自分の表現が至らないのだと思うべきなんです。そういうことを考えると、「日本のフロンティアは日本の中にある」という表現はわからないですよ。「フロンティアは日本の外れにある」ならまだしも……。フロンティアという単語は知っていても、この文は、ほとんどの日本人が理解できない日本語ですよ。こういう表現を平気で使いながら、日本語が乱れているだの、日本人に英語を使えるようになれというのは、基本的な姿勢として間違っていると思う。

鈴木 いやもう、お二人が燎原の火のごとく怒られたのは、本当にその通り。この報告書にはいい点もあるんだが、いまお怒りになられたのは悪いほうですね。これは戦後の若い人たちの言葉の使い方によく似ていると思うんですよ。なんとなく気分としてわかるという表現です。みんなわかったような気になるけれど、具体的には何もわからない。こういうカタカナ英語が使われると、一番困るのは英米人なんですよ。多分、この「フロンティア」には、「夢」「将来」といった意味が込められているんじゃないかと、私は思うんですが……。

森本　だったら、そう日本語で言えばいい。だいたい「フロンティア」は「辺境」とか「未開拓の領域」という意味で、「夢」なんて意味はない。

鈴木　ないものをつくるのが日本人の戦後の英語造語力なんですよ。国際化と言いながら、向こうに通じないような英語を使うようになる。迷惑するのは、そういう英語を使われたほうですよ。

森本　「フロンティアは日本の中にある」をそのまま英訳したら、「日本の中には、まだ未開拓の領域がある」ということになってしまう。

大野　その議論は、そのあたりにして、報告書の内容に移りませんか。この報告書では、英語を公用語にすべきとまでは言っていないんだが、結局、日本人は全員、英語を話せるようになったほうがいいという考えがある。その根本は、煎じ詰めて言えば、「これからの世界は英語ができなければ駄目だ。日本人は英語が使えないと、世界についていけませんよ。だから話せるようになさい」ということですね。

鈴木　そうです。そして、その「世界」というのは、アメリカですね。日本の指導者には、アメリカしか眼中にない人が、いまだに多いんですよ。

森本　そう、世界といえばアメリカのことなんだ。

鈴木　名前を挙げるわけにはいかないけど、アメリカに何年も生活して人も羨む地位に就かれ、現在、日本でもしかるべき地位に就いている人と対談したときに、その人は、「私はアメリカのために命を捨ててもいい」とまで言いました。アメリカを去るときには、家族の者はみんな泣いたそうですよ。

大野　今やアメリカは世界に大きな力を持っていることは確かだ。だから、英語ができなければ、世界でどんなに不便かということは理解できる。ただし、そこで日本人全部がしゃべれるようになれというような考えは、言語というものの獲得、維持が二十年やそこらでできると思っている証拠です。これは、日本語をフランス語に替えろと乱暴なことを言った有名な小説家と似ている。

森本　志賀直哉ね。

大野　本当に英語をどうやって覚えさせることができるというのか。現在の教育制度でそれが可能なのか。現実問題として。

鈴木　それは先生、前にも申し上げましたけど、日本でも、英語ができなければ死刑という法律でもつくれば、みなすぐ話せるようになりますよ（笑）。真面目な話。英語習熟度が非常に高いシンガポールやフィリピンは、英語が使えなければ生きられない国です。日本の現状は、そうではないでしょう。

森本　シンガポールやフィリピンは、植民地だったうえに、多言語だったから、やむなくそうなったんですよ。強制されてね。

鈴木　そう、銃剣と就職で強制されたんですね。喜んでみずからしゃべり始めたんじゃないですよね。

森本　ＴＯＥＦＬの日本の平均点が話題になったときに、ある新聞に世界地図が載っていたんです。その説明に、「英語先進国」なんて書いてある。どこだと思ったら、全部、英米の植民地だった所なんですね。日本は植民地にならずに済んだにもかかわらず、みずから「英語先進国」になりたいというんだ。僕は、これを、「日本人のアメリカ植民地願望」だと思っている。そうだったら、いっそアメリカ五十一番目の州になったらいい。

大野　僕は、日本人全部が近い将来英語を話すようになるなんて、できっこないと思う。なぜかというと、考えてみれば、簡単なことです。日本では英語を必要とせずに、生きられるからですよ。

森本　二十五、六歳の頃、研修ということで、僕はアメリカの新聞社で取材して原稿まで書かされた。「シカゴ・サンタイムズ」でサツ回りまでしたから、英語は結構しゃべれた。ところが、今はそうはいかない。というのも、言葉というのは、いつも使っていなければ駄目なんですね。日本人が話せるようになるとしたら、すべての日本人に「毎日、英語を使え」ということになってしまう。まったく馬鹿げた話だと思いますよ。

鈴木 その通りですね。もちろん、「日本の国家としての発言力が地盤沈下している」とか、「英語で雑談ができないのは日本の首相だけだから問題だ」とかいう現状認識や指摘は頷けます。だから、言語の問題を、政策として取り上げるのは大事ですよ。むしろ、遅すぎたくらいですけれども、それをやるためになぜ急転直下、「小学生から英語をやるように」となってしまうのか。論じた途端に、一気に極端な結論まで出てしまう。そこが志賀直哉と似ているんです。言語というものの怖さというか、根の深さを知らないと思いますね。

森本 日本人にとって、英語は道具でしかないんです。言葉の本質論、あえて言うなら言語哲学が、そこにはまったくない。言語というのは道具みたいに取替えがきくものじゃないというね。母国語は道具ではないんです。だから、日本人には英語を道具以上に使えないということですよ。

鈴木 その通り。人間にとって母語と、後になって学習した言語とはレベルが違うのです。だから英語は必要な人が目的に応じた形で学べばよいので、全国民が日常的に使う必要はないし、またそんなことができると考えることがおかしい。

森本　どうかしている。

大野　やはり母語というのは、生まれつきの面があるわけです。アメリカの幼稚園児が、実に簡潔な言葉で生き生きとした英語を話したり、イギリスの乞食が「お金をくれ」というときに、堂々とした英語を話したりするわけです。日本の英語の先生は、それを聞いて、たいていがっかりしちゃうんですね。「乞食まで立派な英語を」と……。外国人が言語を習うのと、ネイティヴとして使えるのとは意味も目的も能力も違うわけです。だから、日本人はネイティヴのような英語を目指すのではなくて、どうしたら、道具として使えるかを目指したらいいのじゃないかと思うんですよ。

鈴木　そう思いますよ。

公用語にすれば、英語は堪能になるのか？

大野　英語を第二公用語にすることで、将来、英語がしゃべれる人間が増えると思われますか？

森本　そうは思えないな。しゃべれたって、ジャパニーズ・イングリッシュ。ただ、上っつらで用を足すぐらいですよ。

鈴木　僕もそれはあやしいと思う。増えるのを願っているのは間違いないけれど、今の社会情勢や教育制度を考えると、悲観的にならざるを得ない。明治に英語名人時代というのがあった。中公新書から『英語達人列伝』というタイトルの本が出ていますけれど、そこにも取り上げられている新渡戸稲造は外国人がびっくりするような英語の演説ができたし、岡倉天心は立派な英語で『茶の本』を書いた。福沢諭吉や夏目漱石も見事な英語を書いている。

森本　そういった人たちは、あくまで特殊な人たちじゃないですか？

鈴木　まあ、才能ということもあるとは思いますが、英語漬けになる環境も整っていた。講義も答案もすべて英語で書くような――。

大野　そういう環境をつくればいいわけでしょう。

鈴木　確かにそういう英語空間をつくって幼いうちから教育すれば、ある程度できるようになりますよ。個人的に英語漬けの環境をつくることは可能でしょうが、社会制度としてできるものかどうか疑問が残ります。

森本　英語を第二の公用語にしようというのは、社会をそういう方向に導こうとしているわけでしょう。とんでもないことだ。

大野　予想どおりにはいかないで、英語もそこそこ、日本語も満足にできない人間をつくりだすことになる。

鈴木　世界の公用語の歴史や現状を見ても、「21世紀日本の構想」懇談会が考えているような生易しいものではないわけですよ。日本語と英語を使う人が半々というような国ならば、両方を公用語にすることも可能ですけれどね。

森本　日本はそういう国ではない。無理して英語を学ばなくても、日常生活上、なんの痛痒も感じないものね。

鈴木　英語ができなければ、社会的に不利だというような状況が生まれないとね。法律で罰するとか、税金を三倍にするとか……。もともと多民族でも多言語でもない日本という島国で、国際化の必要性からだけで、言語を二重にするなんてことを考えついた人は天才にちがいないけれども、天災がこないかぎり、実現はありえない（笑）。私と必ずしも言語観では意見が一致しない言語学者の田中克彦、その他の人たちとも、この点については同じ意見なんです。

大野　こういう提案をした人たちは、公用語の意味を充分に理解していないんじゃないかな。

鈴木　講義のとき、学生には、英語を第二公用語にすることは、独身者にお妾をすすめるようなもんだと説明するんですよ（笑）。

森本　毎度、上品な譬えを披露していただいて、ありがとうございます（笑）。お妾さんという概念が、現代の若者に通じるかどうかわからないけれど、なかなか的確な表現だと思いますな。

鈴木　真面目な講義だけでは、今の学生は退屈してしまうから、これでも無い知恵を絞っているつもりなんです（笑）。日本には、だいたい公用語という概念がないんじゃないですか。憲法にも日本語を公用語にするという記述はないと思いますよ。裁判は日本語でするという記述が、どこかに出ていたけど。日本には日本人がいて、日本語があってというように、自然発生的に日本語が存在している。

森本　小学校から英語教育をやるのは勝手だけど、それに伴って日本語の授業時間を短縮するのは、大いに問題だと思いますね。そんなことをすれば、日本語も英語も中途半端という根なし草を大量生産するだけに終わる。

鈴木　数学の時間も減らすみたいです。数学だろうと他の授業だろうと、人間の基礎になるのは母語だから、日本人の感性も創造力も、日本語がちゃんとしていなければ駄目だ。その日本語の授業時間を減らすなんて言語道断、とんでもない愚挙だ、という趣旨の本を数学者の藤原正彦さんが出しました。本気になって心から主張していましたね。

森本　日本人は時流に流されやすい民族だから、もう浮き足立って、子供たちに英語ばかり習わせるようになる。げんにそれが始まっているじゃないですか。あとさきも考えずに。

大野　三歳の子供を英語塾にやったりしてね。

森本　駅前留学とかいって。近頃は日本語の能力がガタ落ちしている。テレビやラジオを聞いていて、それを痛切に感じる。『日本語練習帳』が超ベストセラーになるのは、大野さんにとっては慶賀すべきことかもしれないけれども、日本人が、あらためて日本語を練習しなければならないほど、自分の日本語の力について自信を失っている。これこそ大問題ですよ。

大野　みんな自分の日本語の能力について、どこかで不安を感じている。だから自分の日本語の能力を試してみたいという気持があったんだと思う。こういうことに気をつけなければいけないという、ごく初歩的なことを書いてみただけなんだけどね。『日本語練習帳』を読んだからといって、決して日本語そのものができるようになるわけでもない。いくらか日本語について自覚するように注意を喚起したまでです。まさかあれほど読まれるとは、思ってもみなかった。

まず、国語教育をしっかりと……

森本　もちろん、日本人にも英語が必要な人はいる。

鈴木　ええ、ですからむしろ、どういう人に必要なのかをはっきりさせたほうがいいと思います。政治家やジャーナリストには、それこそ徹底した英語力が必要ですよ。例えば、民主党の菅直人さんが訪米したとき、まったく英語ができなかったという話がある。「グッド・モーニング」のあとは日本語でやったというんです。そういう人こそ英語をやってもらわなくちゃ困る。首相候補や大臣、高級官僚なんかは、英語を一つの資格として課すべきなんです。誰が英語を必要とするかを明らかにして、選別し特訓するシステムづくりに、税金と労力を使うほうがいい。代議士が選挙で立候補するとき、英語力を資格として公表するとか。それなのに、将来、英語を使うチャンスがほとんどない人に、小学生のうちから「ワッツ・ユア・ネーム？」なんてやってもね。

大野　意味がない。

鈴木　世の中には、いろんな職業の人がいて、一生英語を使う機会のない人だっているはずです。外国人が生涯訪れることのない田舎の床屋さんが「丸刈り」って英語で何て言うんだ、それはマルガリータかなんてね（笑）。そういう人にまで義務教育として英会話を教えるのは無駄が多いんです。

大野　以前は日本にも、そういうシステムがありました。昔の高等学校がそうだったでしょう。あそこでは外国語を徹底的に勉強した。僕など、ドイツ語を週十時間、習っていたんです。

鈴木　私は三年間週九時間でした。そういう外国語に特化した勉強を、国民の一パーセントの人間に施して、日本は成果をおさめた。だから経済大国になれたんです。

大野　もう一つ、外国語の特訓システムについて言えば、手本がある。それは戦争中のアメリカの日本語教育です。

森本　第二次大戦のときですね。

大野　戦争が終わった途端に、アメリカから日本語将校が二千人も来たんです。アメリカは、それまでの二年間、二千人を寮にぶち込んで日本語だけの生活をさせていたんです。それこそ特訓ですよ。その彼らがワーッと来て、すぐさま日本人の手紙の検閲を始めたんです。そこまでの能力が二年間でつく。それを、日本のような義務教育から、ちょぼちょぼ長々やったって、なんにもなりゃしない。

森本　僕が問題だと思うのは、小学校から英語を教える方向に進んでいる点なんです。まだ日本語すらろくにできない子供に、英語教育をやろうというんですからね。一体、そんなこととして、どうするんですか。日本人の情感や思考力、それが完全に失われてしまう。まず、日本語教育をしっかりせよと言いたい。今の国語教育では、文学鑑賞ばっかりで、日本語の教育というものが全然なされていない。だから駄目なんですよ。小学校で英語をやる前に、日本語を言語として、しっかり身につけないといけない。徹底的に日本語教育の改革から始めるべきです。

大野　文部省が決めたことですが、二〇〇二年から学習指導要領が変わります。そこで教科の時間配分も変わる。中学校の英語と国語の時間は何時間になると思いますか。中学一年の国語を除いて、両方とも三時間です。週三時間ですよ。

森本　なんとも、めちゃくちゃだな。どっちも虻蜂取らずになって、日本人に、もう思考力も想像力もなくなってしまう。

大野　それが「ゆとりの教育」なんだ。そこで、僕は、英語圏でないドイツとフランスが、言語教育に関して週にどれくらい時間を割いているかを調べてみました。東京横浜ドイツ学園という学校がある。ここは日本にいるドイツ人の子弟のための学校だけれど、中学校一年生で、ドイツ語五時間、フランス語または日本語五時間、英語四時間。計、週十四時間。次に、フランスにあるノートルダム・デ・シャン女子学園。ここは私学ですが、国と共通のカリキュラムです。一九九一年にはフランス語五時間、ラテン語またはギリシア語三時間、英語三時間、スペイン語二時間。計、十三時間。どちらも週にこれだけの時間を言語教育に割いている。それを日本では、計六時間にしようとしているわけです。それが文部省のやっていることです。

鈴木　「ゆとりの教育」ってのは、駄目なんですよ。教育には暗記とか詰め込みのような強制もある程度は必要です。子供本位の、何でも楽しくという教育観は見直しが必要ですね。

大野　英語とドイツ語、フランス語は多少、言語体系が違う程度の言語ですね。非常によく似ているし、相関性もある。にもかかわらず、ここまで時間をかけている。でも、実はフランスでは、「ゆとりの教育」といって、以前フランス語の授業を減らしたことがあったというんだな。その結果、何が起こったか。自分の経歴も正確に書けない学生が増えてしまったんだそうです。それで慌ててフランスでは国語復活を言っているらしい。これは、日本もその道を歩くでしょうね。しかも、重要なのはドイツ学園の一クラスの生徒数が十八人だってことです。日本では四十人もいる。僕は昭和二十三年から二年間、高等学校の生徒を教えたことがあるが、そのとき、三十五人いて手一杯だった。これはせいぜい二十人にすべきだと感じました。

鈴木　だから私は、英語を選択制にして、やりたい者には少数クラスで徹底的にしごけと言っているんです。

大野　結局、教育の成果は一人一人に費やした時間に正比例すると、私は思います。それを週三時間ずつのたった六時間にするなんて、おかしいですよ。そうやって言語教育に使う時間を減らす一方で、日本人全部が、英語を話せるようになんて言っているわけです。話がとんちんかんですよ。

置き換えで切り捨てられるもの

森本　いわゆる「英語第二公用語論」の議論の中で、僕が一番欠落していると思うのは、言葉の本質論です。言葉、それも母国語を単なるコミュニケーションの道具としてしか捉えていないんですね。この点が、じつに浅はかだと思う。人間は言葉で考える。そのとき、言葉というのは単なる道具ではない。考えるということと言葉とは密接に結びついているんです。しかし、そういう自覚がまったくない。つまり、道具だから、日本語で喋っても英語で喋っても、どっちでもいいじゃないかという単純な考えなんですね。とんでもない。日本語にも英語にも、それぞれ歴史があり、そこに思考や感情が結晶している。どの言語でもそうです。茶碗でもコップでも、どっちでも置き換え可能で、飲むのは同じだからいいじゃないかというような考えは、まったく浅薄きわまりない。

鈴木　先生がおっしゃるのは、文明の中核価値というか、その文明がその文明たる本質ですね。日本人の場合、キリスト教やイスラム教のような強い宗教がないから、言葉に凝縮された、ものの見方があるということですね。私は、日本人はどの民族にもまして、感性で生きることを重視してきたと考えているんですが、いわゆる、もののあわれとか、大和言葉《やまと》には、実に細やかな感性を表す言葉が多いんです。「懐かしい」「甘え」「ものうい」「かったるい」……。どれもみんな私が日本人であることをそのまま変えずに、英語化することが難しい言葉ですね。

森本　日本語だけじゃない。例えば、中国語には「やま」を意味する言葉が十五くらいある。「嶺《れい》」「峰《ほう》」「獄《がく》」「巓《てん》」「巒《らん》」「岑《しん》」……。連なっているのが嶺、神聖な山が嶽、頂きの尖っているのが巓、まるい山が巒、高い山が岑、といった具合です。中国人は山ひとつでもその性格によって、じつに微妙に使い分けている。こういう語はなかなか英語に訳せないんですよ。例えば、「陣」という字には「ひと続きの」という意味がある。だから、「一陣の風」といったら、ひと続きの風、「陣痛」というのは、引き続いて起こってくる痛みということになるんですね。

鈴木　一回じゃ、陣痛にならないんですね。

森本　そうそう。痛い、しばらくして、また痛いと……これが陣痛なんです。言葉というのは、こういう具合に、長い歴史を経て、微妙な意味、価値観、情感が塗り込められてきたものなんです。ところが、そういう微妙さは英語に置き換えられた途端に、痩せて、単純になってしまう。例えば、「夕暮れ」という言葉がある。「夕暮れ」という場合、寂しい秋の夕暮れとか、おぼろな春の夕べとか、そういう情感がぎっしり詰まっている。それを「イヴニング」と言ってしまったら、そういうニュアンスは消えてしまう。ということは、その言葉の持つ歴史、情感がすっかり失われてしまうことなんですね。

鈴木　イギリス人やアメリカ人にとっては、「イヴニング」は彼らなりのたくさんのニュアンスがあるんだけど、日本人が英語として「イヴニング」を学ぶと、記号的になっちゃうということですね。

森本　そうです。すると、その言葉の持っていたさまざまな情感や価値観が切り捨てられて、単なる記号になってしまう。誤解されちゃ困るけど、僕は英語が単純だなんて言っているわけではないんです。英語にも、いや、どんな言語にだって、われわれのわからないニュアンスが、いっぱい詰まっている。ところが、置き換えられるものは極めて表層的なものでしかないということです。

大野　そうだ。

森本　こうした思考や感情、価値観と言語の関係を考えておかなければ、言語政策は道路標識を設置する体のものになってしまう。日本の文化そのものの否定になりかねない。さっき日本人がいなくなってしまうと言ったのは、そういうこと。みんなが英語、日本語をおなじようにしゃべるようになったら、一体どっちで考えるんですか。

鈴木　だから、せいぜい金銭の取引とか科学の勉強で英語を使うのはいいんだけれど、国民が日常的に英語を使って慣れるというのは、危険だし、まったく浅はかですねえ。

当事者にもわからない言葉

森本　それに、最近、すごい勢いでカタカナ語が氾濫しているでしょう。これを言いだすと、それだけで雑誌一冊分ぐらいになっちゃうけれど、やたらカタカナ語を使いすぎる。例えば、「名は体を表すか？」のところでも取り上げましたけど、「ケア」なんていう言葉。実にいやですねえ。

鈴木　本当にそうですね。「ゲットする」「アバウト」「ニーズ」など、私は使ったことがない。私の講演や書いたものはわかりやすいと言ってくれる人が多いのですが、その理由の一つはほとんどカタカナ外国語を使わないからだと思っています。

森本　「ケアマネージャー」なんて言葉がさかんに使われている。日本語には、「世話する」という言葉があるでしょう。「世話」という日本語には、「お世話になりました」とか「お世話をかけました」というように、日本人の伝統的な人情や人間関係が凝縮されているんです。そういう日本語を捨てて、「ケア」なんていう英語を使った途端に、老人に対する思いやりや温かみが失われ、切り捨てられて、「ケアビジネス」になってしまう。ビジネスにね。僕はだから、「ケア」なんていうのは、一番けしからん言葉だと思う。「バリアフリー」なんてのも、そうだ。

大野　紀元二〇〇〇年というのは、日本がカタカナ語化した、突出した区切りの時期になると思う。

森本　だいたい「ケア」なんて言っても、当の老人には何だかわからない。「インフォームド・コンセント」だってそう。一番緊急で大事な言葉がカタカナ語なんだ。最も必要とする人に通じないのに、こんなカタカナ語を使って平気でいる。信じられないな。今の患者で、「インフォームド・コンセント」がわかる人が何人いますかね。

鈴木　ほとんど、いませんよ。

森本　例の懇談会が言っている「フロンティア」もそうだけど。もっとひどいのがありますよ。「ハザード・マップ」。これは要するに、災害の時の危険地図のことなんですが、それを危険地図と言わないで、ＮＨＫまで「ハザード・マップ」なんて言っている。いちばん、注意しなければならない災害時にこんなカタカナ語を使うなんて、じつにけしからんことじゃないですか。これをニュースで聞いて、わかる人はほとんどいないと思う。

大野　何だかわからないな。

森本　それを新聞やテレビが使うんですね。ひどすぎると思いますよ。なぜこんなにカタカナ語が氾濫したか。カタカナ語のほうが格好がいいという、情けない日本人の劣等感。それともう一つ、日本人の臆病さですね。つまり、役所がカタカナ語を使いたがるのは、臆病だからなんですよ。「ハザード・マップ」と言わずに、あからさまに危険地図なんて言ったら、そこの住民から文句が出るでしょう。

鈴木　土地の値段が下がるとかね。

森本　そう。だから、わからないようにして言っている。道路有料化と言えばいいのに、「ロード・プライシング」ですとさ。

鈴木　間接的になってショックが和らぐ。ごまかせるんですね。それは、私は、日本人の根深いところにある感覚ではないかと考えているんです。戦争中、日本軍が「退却」を「転進」と言い換えたと非難する人が、今テレビで、「コマーシャル」を「お知らせ」と言い換えているじゃないですか。近頃は、「脱税」が減って「申告洩れ」が増えている。

大野　たくさんあるな。

日本人にとっての英語

鈴木　時代によって日本人にとっての英語の役割や意味合いが違うのではないでしょうかね。明治から日本の高度経済成長が始まる一九六四年までの英語に対する取り組み方は、日本という遅れた国を先進国並みに繁栄させる必要から、進んだ技術、情報を摂取するための一種の暗号システムだった。その間の英語とは、外務省の人とか、ある一部の特殊な人を除いて外国人と会話するためのものではなかった。だから、発音なんかあまり問題じゃない。極端な例ですけど、「one day」は「オネダイ」、「sometimes」は「ソメチメス」と読むとかね（笑）。後進国の日本から発信する材料もないから、外国人と対等に会話する必要はないわけ。

森本　遣隋使や遣唐使を中国に送って中国文明を摂取したときと同じことですね。

鈴木　中国にある技術、仏教、漢字、社会制度などを採り入れた。しかし、弘法大師空海でも、五、六年、中国にいても、どうも会話は最後まであまりできなかったらしい。この流れは、戦後になって、アメリカへ留学する人が昔より増えましたけど、あの国の優れたものは何かをキョロキョロ探し回り、明日の日本のために必要なものを吸収しようとしたわけですよね。ですから、アメリカへ行かなければ箔が付かない。そこで、「アメション」なんていう、いやな言葉までありましたね。アメリカへ行って、オシッコをして帰ってくるだけで、尊敬されるような時代が……（笑）。

大野　その言葉は、僕も聞いたことある。

森本　妙に郷愁を誘われる言葉だな（笑）。

鈴木　日本という国は、長い間その時代の文明の中心を太陽と仰いで、そこから燦々たる光をもらう遅れた冷たい月だったと思う。まず古代中国の光と温かさによって恩恵をうけ、中国が光を失うと、西洋に文化宗主国を替え、戦後、今度はアメリカという世界の中心に占領されたために、アメリカが文化の宗主国となった。
森本　それでアメリカから情報を得る必要が生じた。
鈴木　英語を学ぶ当初の目的は、進んだ技術、学問を日本に採り入れることだった。今になって、これまでの日本の英語教育は失敗だった、もっと会話に力をいれるべきだったという意見もあるけれども、それは大間違いだ。なんのために英語を必要としたかという所期の目的を忘れている。その目的を立派に果たした、つまり日本は目指す先進国になれたという意味ではこれまでの英語教育は成功したのです。

いかにではなく、何を伝えるか

大野　私がインドに行ったとき、現地の人が、「日本にはエルツキがあるか」と訊ねてきたんだけど、「エルツキ」ってなんだかわかりますか。
森本　わからない。
鈴木　なんのこと――。
大野　種をあかせば、「earthquake」（地震）（笑）。
鈴木　発音がインド的で上手だから、わかりませーん（笑）。

森本　僕もインドに初めて行ったとき、面くらった。「リベル」って言うから、なんのことだと思ったら、「river」（川）のことなんだな。

鈴木　オーストラリアのキャンベラの大学に行ったときに、インドの学生が「ジャパニーズ・アーミー・ワー・ラットトレス」と言うので、「ラットトレス」ってなんだと訊いたら、「ruthless」（残酷な）のことなんだ。

大野　一九九九年に、インドのタミル語学者を十人呼んで十日間、僕はタミル語をこのように理解している、それと日本語との比較の結果はこれこれという説明を英語でしたわけ。僕の英語なんて中学生程度で、ほとんどできないに等しい。しかし、なんとか通じた。このことから、「こっちに言うべき内容があれば、通じるものだ」ということが、わかったね。

鈴木　お互いの関心領域が重なると、言葉はどんどん劣化しても構わない。相互理解があれば、言葉はほとんど必要なくなってしまう。

大野　日本という国が、まさにそういう国だった。国の中では言葉を必要としないでやってこれた。

鈴木　難破してことばが通じない所に流れつき、手まねで通じるのは、状況が圧縮されているからでしょう。ですから、これからの外国語教育は、「ハウ」ではなくて「ホワット」だと思う。

大野　発音はこうしなければいけないとか、外国人並みに上手にならなければいけないみたいなところがありますよね。だけど、ほんとうに大事なことは、言いたいことの内容だと思う。ＬとＲがうまく発音できなくても、文脈で、シラミ（lice）と米（rice）が取り違えられることなんてまずないんだよ（笑）。

鈴木　一瞬、ギョッとするとは思いますけどね。問題は発音だけにとどまらない。われわれ英語を使わされる民族は、ネイティヴの人たちにむかってイディオムを控えろと言いたい。例えば、「あいつは気が変だ、頭がおかしい」と言うとき、「ヒ・ハズ・ア・ビー・イン・ザ・ボネット」（帽子の中に蜂がいる）なんていうイディオムを使わないで、「ヒ・イズ・マッド」とか「クレージー」と言ってもらいたい。実際に蜂が帽子の中に入ったときは、もちろん「ビー・イン・ザ・ボネット」でかまいませんけどね（笑）。日本人にカネと時間を使わせたうえに、コンプレックスに陥らせるようなことはしてもらいたくない。私たちが習う英語はイギリス英語でもアメリカ英語でもなくて、国際英語だと主張すべきです。国際会議のときには審判を置いて、イディオムを使ったら、ピーと笛吹いて、イエローカードを出すようにするとか（笑）。

森本　つまり、英語をエスペラント化してしまえばいいわけだ。

鈴木　そうなると、イギリス人、アメリカ人は自国語が世界に広まって得した面もあるけれども、日々身の毛もよだつような英語を聞かされるというお気の毒な結果になりますよ（笑）。

森本　そのくらい我慢してもらおう（笑）。

外界適応型の文明からの脱却

鈴木　この二千年の日本の文明は外界適応型で、それで結構うまく機能していた。しかし日本が超大国になって、一般の人が思っている以上に日本の影響力で、世界が豊かになり、世界を変革しているときに、依然として適応型のままでよいかを考えてみる時期にきていると思う。

森本　アメリカでは回転鮨が流行しているそうですよ（笑）。

鈴木　あの花魁スタイルの厚底ガングロも日本の独創らしいね（笑）。ファッションといえば、従来はパリが本場で、体型を無視して流行を追っていたものね。

森本　「厚底ガングロ」はそろそろ終わりだろうけど、かなりの数の日本語が単語として英語の辞書にすでに採用されている。でも、日本のように片っ端からというところまではいってない。言葉の点では、ますます大幅な貿易赤字だ。

鈴木　世界史を日本の力で書き換えているのに、日本人にはその自覚がないみたいですね。いまだに受け身体質から抜け出ていない。英語を第二公用語にするという意見も、英語が世界で通用するから、国民レベルで英語に慣れる他ないという、外から与えられたものに適応する姿勢でしょう。そこには積極的な意思がいささかも感じられない。せめて日本語をもっと国際的に通用させるような努力も必要だ、ぐらいのことは言ってもらいたかった。

森本　やはり日本人は、目の前につきつけられた事実が最優先なんですね。

鈴木　最近よく耳にする「できちゃった結婚」もその類じゃないの（笑）。これはちょっと意味合いが違うのかな。まあ、それはそれとして、目に見えないものを重視することがない日本は、歴史感覚ではインドに、未来感覚でも中国に劣るのではないですか。

森本　論理的にも、ですよ。

鈴木　現実対応型の日本は、技術とか自然科学のような唯一絶対の基準があるときには、かなり世界一になれるけれども、価値が多様化している時代に、人間の生き方の基軸になるような普遍性のある主義主張を出す役割を担うことができない。

大野　日本は世界の大国の一つなんだという認識をもっともつべきなんだ。

鈴木　シェイクスピア流に言うと、グローブ・シアター、つまり地球劇場の舞台では、日本は主役の一人のはずなんです。

森本　主役としての意識がどうしてこう希薄なんだろう。

鈴木　いまだに黒子だと思っている。こんなに図体が大きくて目立つ黒子なんて、役立たずだ（笑）。世界の何十億という人民が桟敷席から固唾を飲んで日本の演技を見守っているけど、日本は棒立ち状態で演技も台詞もなし……。たまにアメリカの裾の乱れを直したりするだけなんだから（笑）。

森本　どこまでも受け身で通してきた日本人は、自分から分析したり組織したりするのが苦手で、事実をいかに受け入れるか、だけに腐心し続けてきた民族だからね。

鈴木　ただ狙いを定めて一極集中主義でいくと、世界のトップにランクされるところまでいくんですから、変な国ですよ。

大野　まったくね。

鈴木　ひょっとすると、こんな経済大国になったのが間違いかもしれない。資源をはじめ、あらゆる面でくらべものにならないアメリカに追随し肩を並べていきたいという発想からそろそろ脱却して、身の丈にあった国を目指さなければだめなのでは……。

森本　アメリカ万能でこりかたまってしまった日本じゃもう無理だな。

鈴木　これは素人考えなんだけど、アメリカだっていつなんどきモンロー主義にもどらないとも限らない。

森本　鎖国主義にね。

鈴木　そんな話を学生にしたら、モンローって、マリリン・モンローですかときた。

今の学生の学力は、その程度なんですよ（笑）。

大野　英語云々より、そっちのほうが問題だね。

森本　とにかくこの辺で、われわれの共通の意見をそろえて表明しようじゃありませんか。まず、

1　小学校、中学校で、国語と算数の教科内容をおよそ三割削減するという二〇〇二年学習指導要領改革案は、将来の日本語、日本人の思考能力を破壊するものであり、これには絶対に反対する。

2　英語第二公用語論は、言語生活の実際を知らないものが考え出したものに過ぎない。まったく浅はかなことで、絶対に容認できない。

3　アメリカ礼賛、一辺倒の志向を今、考え直すときにきている。カタカナ語の安易な使用をはじめとして、日本人が母国語を捨てて、あたかも植民地になろうとするような発想そのものを変えなければ駄目になる。

鈴木　本当に、その通りです。

大野　そうすると、この三つは、三人とも同じ意見だということですね。

ただね、思い出すことがあるんですよ。というのは、戦後の国語問題のことなんです。文筆家や学者がいろいろ本も書き、論文も書き、反対意見を公表しました。しかしそれは蛙の面に水という言葉の通り、何の効果も国語審議会、文部省に及ぼしませ

んでした。

それが昭和四十年、つまり問題が始まって二十年たったとき、突然方向転換が起きました。漢字や音訓の「制限」が「およその目安」にすると、考え方が変ったのです。どうしてそんなことが起ったのか。

当時、小汀利得《おばまとしえ》という国家公安委員がいました。この方は日本経済新聞の社長をしていた経済通で、佐藤栄作内閣の経済顧問をしていたのです。ある日小汀氏は佐藤首相に言ったんだそうです。私は小汀さんからじかに聞いたんですけどね。「佐藤総理、今の当用漢字表によると、あなたの名前は、漢字で書けないということになるんですよ。藤山愛一郎さんの藤の字も、当用漢字表にはありませんからこれも書けません」。話を聞いて佐藤総理はすぐ「中村（梅吉文部大臣）を呼べ」といい、結局国語課長を変えろということになった。それがきっかけで、国字制限の方向転換が始まったというのです。

私が今の状況を見ると、今の文部大臣は大変有能な方だそうだけど、文部省育ちの人です。下僚の立てた案を阻止したりはできませんよね。しかし事は重大なことです。一度二〇〇二年案が実地に移されると、小中高の日本語教育、英語教育、算数の教育は簡単に方向転換できなくなります。

私は今や聖域なき改革を謳っている小泉首相が鶴の一声をかけて、動き出そうとする改悪をくいとめる以外に、お役人を動かす道はないと思うんです。私は小泉さんにじかに一言申したい気持です。

あとがき

鈴木孝夫

この鼎談は大野晋、森本哲郎の両氏と私が、都合三回それも延々二十時間にわたり、「日本人とことば」という話題をめぐって、それこそ文字通りの談論風発を行った記録です。

初回の一部は既に『新潮45』（二〇〇〇年五月号）誌上に発表されましたが、今回改めてこの部分を含む全体を『日本・日本語・日本人』という観点から整理しまとめた上で、三人の論者がそれぞれ最も言いたかったことを、補足論文の形で書き加えて一冊としました。

これらの論文はどれもが完結独立したものとして読まれることもできるものですが、しかし論者たちの打ち解けた鼎談だからこその、いわば楽屋裏での裃《かみしも》を脱いだ発言と併せて読んで頂ければ、それぞれの立場や考え方が一層鮮明な輪郭をもって、立体的に見えてくると思います。

今回私が特に強く感じたことは、三人とも大正に生まれ、昭和の激動期を成人として体験したという時代的な共通基盤があるため、たとえ個々の事実や特定の問題についての解釈や評価が、必ずしも一致しないときでさえも、お互いに全く気兼なく意見を述べることのできる、一種の安心感があったことです。

豊かで平和な戦後の日本に育って、その立場から、しかも当然のことですが他者の言論言説を通してしか、日本が近代以降歩んだ苦難の道を知らない人々と話すとき、私がいつも感じる何とも言えぬもどかしさ、やり切れなさのようなものが一切ない、本当に清々しい気持の鼎談でした。

つい十年ほど前まで、いろいろな大学で教えていた私は、たとえば未だに多くの国々で忘れられていない、日露戦争の名提督東郷元帥の名すら知らず、インドネシアが四百年にもわたりオランダの植民地であった事実も知らないような多くの若い日本の学生が、国際問題について滔々と論じたり論文を発表したりすることを何度となく見聞きしてきました。

また将来国際交流関係の仕事につきたいから、いま英語を一生懸命勉強していると言う女子学生たちに、苛酷な植民地支配を長年行った大英帝国の歴史について質問してみると、全く何も知らないといったことも極く普通でした。

どうも敗戦後の日本の教育と一般社会における言論は、世界の歴史や日本の過去を直視するどころか「見ざる、言わざる、聞かざる」の、卑屈と偽善の保身術で終始してきたと思えてなりません。

日本人の漢字に対する態度にも、イギリスの諺にある「汚れた産湯を捨てようとして、大切な赤ん坊までを捨ててしまう」の愚が見られます。国語学者の中には未だに漢字を捨てなければ、日本人は世界から取り残されてしまうといった主張をなす人が少なくないのです。

けれどもその「遅れた、非能率極まる漢字かな混り文」を使って、僅か数十年でローマ字の欧米諸国に日本が追いつくことができたという事実をどう説明したらよいのでしょうか。

日本人はそろそろすべての物事の基準、正しさ美しさは外国にあるという空想的な世界観から脱け出し、森本氏の言われる「自分たちの精神を形づくっている言葉、日本語の性格を、あらためて反省し、自覚し、的確な、そして美しい言語へと高めていくこと」を始めなくてはと思います。そして大野氏の結論である「日本人は見分けること、区分してそれを全体として体系化して認識するという習慣を国民の風として身につけることが必要である」という指摘も、よく噛みしめたいと思いました。

本書は、二〇〇〇年三月二十一日、四月十二日、七月二十六日の三回にわたって行われた座談会を収録編集した。

各氏の論考は書下ろしである。

新潮選書

日本《にほん》・日本語《にほんご》・日本人《にほんじん》

著　者……………………大野《おおの》　晋《すすむ》　森本哲郎《もりもとてつろう》　鈴木孝夫《すずきたかお》

発　行……………………2001年 9 月15日
12　刷……………………2016年 7 月15日

発行者……………………佐藤隆信
発行所……………………株式会社新潮社
〒162-8711 東京都新宿区矢来町71
電話　編集部 03-3266-5411
読者係 03-3266-5111
http://www.shinchosha.co.jp
印刷所……………………錦明印刷株式会社
製本所……………………株式会社大進堂

ISBN978-4-10-603504-3 C0381

万葉びとの奈良　上野誠

やまと初の繁栄都市、平城京遷都から千三百年。天皇の存在、律令制の確立、異国との交流がもたらしたものは。万葉歌を読みなおし、奈良の深層を描きだす。

《新潮選書》

英語教師 夏目漱石　川島幸希

漱石は英検何級かご存知？　現役東大生との英語実力比較、学生時代の英作文、漱石の授業風景などを交えつつ、懸命に生徒を教えた教師漱石の姿が甦る！

《新潮選書》

東洋医学を知っていますか　三浦於菟

葛根湯はカゼの万能薬？　漢方は本当に副作用がない？　「気」とは？　そういえば知らない東洋医学の世界を50のQ＆Aで解説。主な漢方薬の効能リスト付。

《新潮選書》

真っ当な日本人の育て方　田下昌明

「壊れた日本人」の出現は、永年受け継がれてきた育児法が、戦後日本からなくなった結果である。現役のベテラン小児科医がたどりついた「救国の育児論」。

《新潮選書》

未完のファシズム
―「持たざる国」日本の運命―　片山杜秀

天皇陛下万歳！　大正から昭和の敗戦へと、日本人はなぜ神がかっていったのか。軍人たちの戦争哲学を読み解き、「持たざる国」日本の運命を描き切る。

《新潮選書》

利他学　小田亮

人はなぜ他人を助けるのか？　利他は進化にどう関わるのか？　生物学や心理学、経済学等の研究成果も含め、人間行動進化学が不可思議なヒトの特性を解明！

《新潮選書》